NA SEARA
DO EVANGELHO

EDGARD ARMOND

NA SEARA DO EVANGELHO

Editora Aliança

2ª Edição, junho/2001, do 4º ao 8º milheiro

Título

NA SEARA DO EVANGELHO

Autores

Diversos

(sob a coordenação de Edgard Armond)

Revisão

Maria Aparecida Amaral

Editoração

MMS

Capa

Elifas Alves

Impressão

Book RJ Gráfica e Editora

Ficha Catalográfica

Armond, Edgard, 1894-1982
A763s Na Seara do Evangelho / Edgard Armond
2ª edição - São Paulo: Editora Aliança - 2001
128 págs.

1. Espiritismo 2. Espiritismo I. Título

CDD - 133.9

EDITORA ALIANÇA

Rua Francisca Miquelina, 259 - Bela Vista - São Paulo - SP
CEP 01316-000 - Fone: (0xx11) 3105.5894 - Fax: (0xx11) 3107.9704
www.alianca.org.br e-mail: alianca@alianca.org.br

Índice

Autores:

Allan Kardec
André Luiz
Bezerra
Cairbar Schutel
Emmanuel
Ignácio
Irmão Terêncio
Isaías
João Evangelista
Mateus
Maurício
Natanael
Paulo
Ramaiana
Ramatis
Servidor
Tiago
Timóteo

Mensagens recebidas pela mediunidade em fase de aprimoramento de servidora cujo nome não é aqui citado, mas que recebe do Alto compensações espirituais pela valiosa cooperação evangélica.

Explicação Necessária

Desde 1967 vimos publicando, sob o título de "Cooperação na tarefa do esclarecimento espiritual", comentários e interpretações do Evangelho de Jesus, de diferentes autores ligados ao movimento espírita.

Essas publicações têm sido feitas em opúsculos de bolso para distribuição gratuita para alcançar, preferentemente, a população de menores recursos, para que seja também beneficiada com os ensinamentos do Divino Mestre, na versão espírita, que corresponde à Terceira Revelação da linha cristã.

A significação do Evangelho para o Espiritismo não deve ser simplesmente religiosa ou mística, mas também *iniciática*: o ser humano encaminhando-se pelas sendas da vida espiritual, com ponto de partida na **Reforma Íntima**, eliminando hábitos, vícios e costumes perniciosos, defeitos morais, sentimentos e pensamentos incompatíveis com essa realização espiritual, e buscando adquirir virtudes próprias do homem novo, transformado, que deve, com toda sinceridade, desejar ser.

E quão profundo e extraordinário é o poder do Evangelho para operar essa transformação!

Compreendendo que nenhum de seus problemas íntimos e vitais se resolve pelo conhecimento simplesmente teórico ou místico do Evangelho, porque esses problemas não residem no exterior, mas no seu próprio íntimo, concluirá que o Evangelho não pede um conhecimento intelectual, mas uma **Vivência Individual**. Vivendo o Evangelho e testemunhando-o como é necessário, na vida comum, o homem se espiritualiza, se engrandece, ascende para Deus.

O conhecimento simplesmente teórico ou místico e contemplativo não muda o homem mas, muito ao contrário, lhe aumenta os débitos espirituais, porque a quem muito é dado, muito será pedido, e também porque a fé sem obras é morta; e como o homem, para viver e exemplificar o Evangelho, antes de mais nada deve **reformar-se**, segue-se que sua primeira obra e sua primeira exemplificação devem ser em si mesmo, transformando-se no homem novo a que o Evangelho se refere.

Cada um de nós deve espiritualizar-se por si mesmo, por decisão própria, por esforços próprios, tendo o Evangelho como norma de ação, agindo e não somente crendo.

Todo aquele que quiser, verdadeiramente, **iniciar-se** na vivência evangélica, no momento mesmo em que se decide a fazê-lo, abre portas amplas no Plano Espiritual para o recebimento de auxílio, assistência e inspiração.

Os dias atribulados que estamos vivendo, e os ainda mais difíceis que estão por vir, exigem do homem sensato: reflexão, decisão segura e definitiva de evangelizar-se para redimir-se.

São Paulo, 1980

Edgard Armond

1

CONSELHOS I

Apresentação pessoal discreta é dever.

Excesso no trajar é falta de discernimento e vaidade.

Simplicidade é virtude.

Desleixo é atraso.

Ordem é virtude que se manifesta em toda a Criação.

Meticulosidade exagerada é lamentável mania.

Limpeza é essencial.

O medo excessivo de germes e contaminações é doença psíquica.

O amor é a força maior da vida.

Exageros e fantasias do sentimento amesquinham a existência.

Conforto material é respeitável necessidade do Espírito encarnado.

O excesso de comodidades debilita a criatura, física e espiritualmente.

O estudo eleva.

Aquele que estuda sempre e jamais ensina é usurário do saber.

As boas obras resgatam muitas faltas.

Aqueles que contam e numeram os benefícios que prestam, nada terão a receber das mãos do Pai.

Virtude é credencial para ascensão a planos superiores.

Aqueles que proclamam seus méritos, os anulam pela vaidade.

Espiritualidade é meta da evolução anímica.

Sufocar o corpo não é espiritualizá-lo, é prepará-lo para quedas mais profundas.

Inteligência é dom divino.

Compreensão falha e personalista, é marca de inferioridade intelectual.

Vinde a mim, e tereis descanso para vossas almas, exortou Jesus.

Os que buscam o Mestre, pensando encontrar um paraíso de ociosidade terão amargas decepções, pois estar com "Aquele que veio para servir" é servir com Ele.

André Luiz.

2

EQUILÍBRIO

Coragem é virtude.
Temeridade é erro.

Gentileza é dom do Espírito elevado.
Etiqueta em excesso é preocupação inferior.

O trabalho eleva.
Escravidão voluntária a tarefas de menor importância, traduz cegueira espiritual.

A distração é necessária ao equilíbrio mental.
Divertimento excessivo conduz ao desequilíbrio.

A manifestação espiritual é útil.
O fanatismo por médiuns e entidades é prejudicial.

O repouso é indispensável.
Descanso em excesso é ensaio para a paralisia.

Orar a Deus é prática louvável.

Invocar o Senhor a propósito de tudo, é diminuir-se a si mesmo, no desprezo aos próprios recursos para a solução de pequenos problemas.

André Luiz

3

Conselhos II

Saúde é bênção.

O malbarato das forças físicas é falta, cuja punição jamais tarda.

Perfeição é meta comum a todos.

A complacência para com o erro é momentânea cegueira, a reclamar o amargor das lágrimas.

O lar é porto e refúgio.

Trazer para casa a tempestade e o perigo de naufrágio, é criminosa irresponsabilidade.

Mediunidade é traço de união entre a Terra e aqueles que, do plano espiritual, podem ensinar e curar, aos que suplicam orientação e alívio.

Intercâmbio psíquico para fins indignos é passe de admissão ao manicômio ou ao cárcere, num ou noutro plano.

A beleza física é dom sublime.

Abusar dos atrativos pessoais é condenar-se à fealdade.

Inteligência é poderoso recurso do Espírito.

O mau emprego da mente acaba por obscurecê-la.

O amor é a essência divina.

A exploração do alheio afeto resultará num deserto sentimental.

Lucidez mental é apanágio dos grandes homens.

Usar a clareza do raciocínio para confundir o próximo, é confundir-se a si mesmo, cedo ou tarde.

A palavra é o abençoado veículo do pensamento.

O verbo desorientador acabará por perturbar quem o profere.

As mãos de Jesus só se movimentaram, acentuando o ensinamento sublime, curando e abençoando.

Mãos indolentes ou criminosas pregam-se voluntariamente ao madeiro de grandes padecimentos, só se libertando quando aprendem a imitar as do Mestre.

André Luiz

4

MODOS DE VER

Cortesia é obrigação comum.

O espírita terá, além disso, o sentimento e o pensamento educados.

Liberdade é hoje sinônimo de licenciosidade, vale dizer, de escravidão às paixões.

O espírita conquistará o autodomínio e será senhor de si.

Para o homem vulgar uma bela jovem será festa para os olhos, quando não, prenda a ser conquistada.

Para o espírita a mulher será um Espírito imortal, que ontem poderá ter sido sua mãe, ou irmã, ou filha, portanto, credora de respeito em qualquer circunstância.

O negociante comum visará o máximo lucro.

O espírita, em suas transações, respeitará seu cliente e preferirá perder, a enganar.

O pequenino de hoje será o homem do futuro.

O espírita vê na criança não só o homem de amanhã como

ainda, o de ontem; por isso, cabe-lhe responsabilidade maior na educação infantil.

O repouso é direito sagrado.

O espírita lembrará a palavra do Mestre: "Meu Pai trabalha até hoje e eu também trabalho", e preferirá servir o quanto possa.

André Luiz

5

VALORES ENGANOSOS

A beleza física dura um momento.

A beleza espiritual aumenta sempre, chegando a um esplendor para nós inconcebível.

A força orgânica declina com a idade.

A força espiritual cresce mais e mais: "As obras que eu faço, também vós fareis, e ainda maiores", disse o Divino Mestre.

A graça e a leveza de uma bailarina desaparecem em poucos anos.

O Espírito que se vai purificando e libertando da matéria, alcança extrema sutileza; transporta-se a qualquer ponto do universo, em fração de segundo e jamais volta a encarnar em corpos densos e pesados.

O prazer físico encerra-se no monótono binômio desejo-satisfação que, fatalmente, conduz à saciedade e ao esgotamento.

As satisfações espirituais renovam-se, crescem, multiplicam-se e variam ao infinito.

O riso nunca anda longe da lágrima.

Um perfeito equilíbrio do Espírito lhe garantirá a perfeita serenidade que nem ri nem chora, pois nele reside a divina harmonia.

AndréLuiz

6

Cento por Um

Cento por um, prometeu Jesus.

Que investimento daria tanto, com tamanha certeza, com garantia pessoal do Divino Mestre, escrupuloso e honesto? No entanto, muitos preferem perder na Terra, a ganharem no Céu.

"Ajuntai tesouros no Céu onde ladrões não minam nem roubam."

Não temos notícia de riqueza terrena em segurança absoluta, pois há sempre um ladrão à espreita: é o desencarne. De nada valerá ao desencarnado clamar a posse de seus bens materiais: ele parte e estes ficam.

"E combateram aquela casa e não caiu, pois estava edificada sobre a rocha."

Que sólida e estável morada nos ensinou Jesus a construir! Mas quão poucos cuidam de edificar residência sobre a rocha sólida! A maior parte prefere a areia movediça.

"O reino dos céus é semelhante a um tesouro que um homem achou num campo."

São tantos os que supõem que cristianismo é sinônimo de pobreza e sacrifício, que a feliz comparação de Jesus fica esquecida.

"Esta, em sua pobreza, deu tudo o que tinha, todo o seu sustento."

Louvou o Mestre o óbolo da viúva pobre, e não a fortuna doada pelos ricos. Façamos nós por aprender a dar e servir sem cálculo e sem medida, pois só assim acharemos graça aos olhos de Deus.

André Luiz

7

Virtudes

Veracidade é decorrência de retidão.

A verdade crua poderá ferir e afugentar. O Salvador falava por parábolas ao povo e tudo aclarava, em particular, aos seus discípulos.

A prece une a criatura ao Criador.

Só orar não basta. O Mestre retirava-se para lugares desertos em oração, mas retornava ao meio do povo para prosseguir, servindo.

Amor é virtude sacrossanta.

Apenas amor não é suficiente para elevar a criatura; é preciso estudo e conhecimento. Jesus não só amava, como ensinava.

Caridade e fé são virtudes sagradas.

Ser bom e confiante nas horas amenas é relativamente fácil.

Prosseguir na bondade e na fé quando se levantam falsos testemunhos, o povo exige o sacrifício e o juiz profere a condenação, essa foi a suprema prova de grandeza do Cordeiro de Deus.

André Luiz

8

ESPIRITUALIZAÇÃO

Freqüentar reuniões espirituais é imperativo para quem concluiu existir, em si, algo além da matéria.

É indispensável, porém, a espiritualização de quem busque os Espíritos, ou não se libertará da matéria e de suas tristes tribulações.

O estudo evangélico é imperativo cristão.

Limitar-se ao conhecimento da letra é reservar, exclusivamente ao cérebro, as bênçãos de que o coração anda sequioso.

Pregar o Evangelho é dever de qualquer que o conheça.

Sem o testemunho da prática fiel e verdadeira, a mais eloqüente pregação se tornará no libelo acusador, contra quem pregou e não aplicou.

O exercício mediúnico é abençoada oportunidade de progresso e resgate.

Se a mediunidade não for respeitada e santificada pelo seu portador, acabará por acarretar-lhe atraso e maiores débitos.

Servir fiel e lealmente aos propósitos divinos, é próprio dos Espíritos avançados.

O Divino Mestre é para nós modelo, também na forma como soube conciliar perfeitamente a lealdade para com os homens e a fidelidade para com Deus.

AndréLuiz

9

Valores Verdadeiros

Olhos e ouvidos perfeitos são bens preciosos, a acarretar responsabilidade.

A vidência e a audição espirituais são ainda mais preciosas, e trazem responsabilidade de ainda maior gravidade.

A capacidade de analisar a psicologia do próximo é importante conquista.

A faculdade de discernir os Espíritos significará conquista de mais elevado grau evolutivo, ou a queda em abismos profundos, conforme o emprego que se lhe dê.

Um diploma de médico é bênção concedida a poucos.

Mediunidade curadora em qualquer grau é recurso que não deve ser negligenciado, seja pelos que operam prodígios, seja pelos que só possam orar pelos doentes.

O posto elevado coloca a criatura como alvo de julgamentos e críticas.

A falsa aparência de elevação espiritual levará ao juízo e à condenação da própria consciência.

A fortuna material garantirá o conforto.

Só o Espírito interiormente rico superará o desconforto em qualquer circunstância.

A previdência equilibrada deverá ser cultivada pelo homem comum.

O Espírito cristificado confiará no Pai que alimenta as aves do céu, e nada lhe faltará, como não faltou a Jesus até a hora extrema.

André Luiz

10

A VERDADEIRA BELEZA

Queres te conservar bela, impedindo que as linhas do rosto indiquem o passar dos anos que em tua existência viveste?

— Não trazemos o elixir da longevidade e nem indicamos preparados cujas fórmulas revolucionariam a estética humana; trazemos lembretes de utilidade dupla pois beneficiarão corpo e alma.

— Não franzas o rosto nem o cumules de rugas mostrando teu desagrado, tua intolerância, explodindo em imprecações, dando livre curso à neurastenia a que já te habituaste; além de conseqüências desastrosas que marcarão as linhas do teu rosto, trarás com isso viciação ao teu Espírito, induzindo-o a cometer os mesmos e eternos erros.

— Cada indivíduo possui um campo magnético onde se reflete sua conduta diária, equilibrada ou não.

— Torne esse pequeno mundo invisível num campo impregnado de elementos claros, suaves e harmoniosos, emanados de tua mente, sempre repleta de alegrias ou no mínimo de serenidade; assim te tornarás bela e agradável a todos os que de ti se acercarem, pois verão estampadas em ti as sublimidades do Espírito e concederás com a tua presença paz e tranqüilidade aos que não as possuem.

— Teus gestos serão elegantes e atraentes, por traduzirem a serenidade de tua alma e, quando souberes colocar nas pontas dos teus dedos e na expansão do teu ser, apenas o que de bom e de belo guardas no teu íntimo, terás inúmeros admiradores que nos teus olhos enxergarão as belezas dos céus, como desejam.

— A beleza estará também na tua boca quando ela souber transmitir somente sentimentos claros e fraternos saídos de um coração evangelizado.

Para nada disto terás de recorrer aos artifícios da tinta e do pincel.

— Quando a exuberância de uma alma bela refletir-se no teu corpo, terás então a eterna juventude, pois as deficiências físicas e as faltas de harmonia e de beleza no teu porte serão esquecidas para ficarem somente em evidência os aspectos imortais que caracterizam o Espírito evoluído.

André Luiz

11

O Que Tem Valor

Sem amor o coração torna-se estéril; mas o amor mal compreendido e mal dirigido esteriliza as consciências.

Sem humildade o Espírito julga engrandecer-se, mas está-se apequenando.

Sem benevolência ganham-se muitas batalhas no campo material, mas perde-se a grande batalha no reino do espírito.

Sem caridade o Espírito estiola-se no egoísmo, mas a caridade mal dirigida cria indesejável dependência.

Sem fé a criatura é barca sem rumo, mas a fé simplória e crédula é passaporte para naufrágios.

Sem espiritualidade o homem nivela-se aos brutos, mas espiritualidade eivada de puritanismo, recalques e sentimentos de culpa, é vaidosa autoflagelação, tão condenável quanto à licenciosidade.

Religião é indispensável para que a criatura se religue ao Criador, mas sua mera aparência traduz a mesma hipocrisia que o Mestre verberou nos fariseus.

Crescimento para Deus é imperativo inelutável, mas não se olvide que, juntamente, crescem humildade e esquecimento de si mesmo, pois "é preciso perder a vida para ganhá-la".

André Luiz

12

O Valor Real

O mau não vem para a luz, para que suas obras não sejam manifestadas.

O bom não apenas caminha para a luz, como ainda, em si mesmo a tem brilhante e redentora.

O que não é pastor, vê vir o lobo e deixa as ovelhas e foge.

O bom pastor dá a sua vida pelas ovelhas. Jesus não só deu a vida, como a está dando todo o tempo: por nós está ainda ligado ao planeta da sombra e da lágrima, Ele que é a luz e a bem-aventurança mais perfeita.

" Nem todo o que me diz Senhor, Senhor, entrará no reino dos céus."

Há milênios clamamos Senhor, Senhor, e Ele, na Sua infinita compaixão, tolera nossos discursos, tantas vezes desarrazoados e insinceros; e ainda que razoáveis e sinceros, **não-secundados pela nossa reforma interior**. A Sua misericórdia nos permita menos clamarmos "Senhor, Senhor" e mais aptos nos tornarmos a entrar em Seu Reino, servindo e evangelizando-nos.

André Luiz

13

COMPARAÇÕES

O olhar do homem comum busca o que pode granjear para si.

O olhar de Jesus procurava o necessitado a quem poderia dar saúde e esclarecimento.

As mãos da criatura vulgar estendem-se para ferir ou recolher o tributo que supõe lhes seja devido.

As mãos do Mestre emitiam bênçãos, e outro tributo não recolheram, que os cravos que as prenderam à cruz.

Os pés do indivíduo sem elevação só o conduzem para onde convenha aos seus mesquinhos interesses.

Os pés do Cristo sem descanso palmilharam as estradas áridas e poeirentas, e só deixaram de caminhar ao encontro do sofrimento humano quando, para maior alívio desse humano padecer, permitiu o Pai que fossem pregados ao madeiro.

O corpo da pessoa espiritualmente atrasada costuma ser mero instrumento de satisfações inferiores, ou cabide para exibição de roupas e adornos.

O corpo sacrossanto do Salvador foi veículo da manifestação, na Terra, de quem já habita, por direito, as esferas celestes; foi o cárcere daquele que era o arauto da nossa libertação; foi o instrumento da dor suprema para quem nos veio trazer a suprema bem-aventurança.

André Luiz

14

Ilusões

Radiosa é a flor, porém logo fenece.

Mas a flor da espiritualidade é ainda mais radiosa e imperecível.

Lança-se alguém impetuosamente ao divertimento e, ao cabo de algumas horas, está exausto e vazio.

Disponha-se alguém ao trabalho com Cristo e o cansaço será outro, pleno de contentamento, paz e renovação.

O mais belo figurino de hoje será amanhã ridículo.

A túnica nupcial que o Divino Mestre nos convidou a envergar, é traje eterno, não sujeito a variações de gosto e estilo. Usando-a, seremos recebidos pela mais alta sociedade espiritual nos mais altos planos.

André Luiz

15

FORTALEZA DE ESPÍRITO

Tende paz em vossos corações, fortaleza de espírito e ânimo sempre renovado, em todos os passos de vossa vida.

Regozijai-vos por estardes entre os Chamados do Senhor, e porfiai por inscreverdes vossos nomes entre os Escolhidos.

Não vos deixeis jamais abater pelos sentimentos e impressões inferiores que tantas vezes vos assaltam.

São apenas provas, ou exames, pelos quais pode o Cristo aquilatar os vossos progressos na Senda Espiritual.

Não fujais à luta, irmãos, e não temais a responsabilidade. Lembrai-vos, que seria da criança que jamais deixasse o berço e o regaço amoroso de sua mãe? Que seria do infante que não fosse enviado à escola, por recearem seus genitores que o ferissem ou maltratassem seus coleguinhas? E que sucederia ao jovem que não se lançasse às tarefas necessárias ao seu ganha-pão, por receio de responsabilidade, ou de incidentes desagradáveis?

Vede pois, irmãos, que se for alguém aguardar encontrar-se nas condições exatas, ideais e perfeitas para determinada tarefa, nunca chegará a iniciá-la: nem a tenra criancinha aprenderia a andar, para evitar quedas e contusões, nem iriam os já maiores à escola por serem perigosas as ruas, e tampouco os moços viveriam e trabalhariam normalmente, assim fugindo a choques dolorosos e ao cansaço penoso.

Vede, pois, médiuns, que só abraçando com denodo a tarefa que vos é confiada pelo Mestre, e realizando-a o melhor possível, é que chegareis à altura dela.

Bezerra

16

SÚPLICA

Envia-nos, Senhor, o muito de que necessitamos para nossa elevação. Socorre-nos em nossa debilidade, fortalece-nos a fé.

Dá que sejamos harmonia em tua celestial orquestra, equilíbrio no turbilhão de forças cósmicas, claridade ante o manancial de tua divina luz.

Ergue-nos, Senhor, de nossa pequenez e insignificância, para que nos possamos ver dignamente ante a Tua divina luz.

"Um pouco menor do que os anjos" nos fizeste, Senhor. Ajuda-nos Senhor, o entendimento para a voz santamente inspirada de teus mensageiros.

"Misericórdia quero", declarou Jesus. Ensina-nos a ter essa compaixão que, sem humilhar ou ferir, ergue e ampara.

"Cento por um", disse o Mestre. Enriquece-nos, Senhor, espiritualmente, para que o pobre pão e simples peixe que trazemos se multipliquem em benesses para nossos companheiros de humanidade.

Bezerra

17

A ESPERANÇA

A esperança deve ser o alimento do Espírito inseguro ou desanimado.

A esperança é a irmã da fé a nos reanimar a cada queda que sofremos, a cada frustração e desengano.

Não pode bastar a fé nos propósitos divinos, a resignação oriunda do conhecimento das leis cármicas que a todos regem.

É necessário que a esperança venha a fulgir preciosamente em cada coração, erguendo-vos do desânimo que tão freqüentemente vos atinge.

É preciso que haja a esperança a fulgir ao lado da fé, pois inevitavelmente toda e qualquer dificuldade é resolvida, mercê da misericórdia divina, ou então pela simples passagem do tempo que, bem sabeis, é o grande médico.

Haja em vossos corações fé em Deus, e esperança no Bem que seguramente vos aguarda, e não podereis ser atingidos pelo desencorajamento que tanto contribui para afrouxar o ânimo do mais seguro obreiro do Senhor, se este não desperta em tempo hábil e não inicia o cultivo da virtude de que vos falo.

Paz em vossos corações.

Bezerra

18

Perseverar Até o Fim

"Aquele que perseverar até o fim será salvo."

Será salvo acima de tudo e, principalmente, de si mesmo. Foi sempre em seu próprio íntimo que encontraram as criaturas seus maiores inimigos; é muito mais de se recear a própria concupiscência, que a tentação exterior, porque aquela está dentro de nós e esta, por mais visível, é mais vulnerável.

Em si mesmos encontrarão todos, se souberem buscar a coragem e a disposição para o trabalho e o testemunho evangélico que se fazem mister nesta hora decisiva.

Orem e vigiem, que o mais virá por acréscimo.

Bezerra

19

VALOR DA PRECE

Reservai para o Mestre Jesus um pensamento de amor cada dia, irmãos muito queridos.

Bem sabeis que Jesus vos ama, e de vós muito espera.

Crede-me, porém, não espera Ele apenas ação mecânica e cristalizada, preces repetidas sem a vibração sincera de vossos corações.

Ele espera que O ameis como Ele vos ama.

Lembrai-vos, irmãozinhos queridos: Vós vos sentis felizes por saberdes do amor de Deus, de Jesus, e de vossos protetores e guias para convosco. Podeis, pois, concluir convosco, que também o Divino Mestre é felicitado por uma vibração de amor fraterno e agradecido.

Muito espera o Mestre de nós todos, em ação e sentimento. Busquemos, pois, aproveitar ao máximo a santa oportunidade que nos é dada, por acréscimo de misericórdia do Pai.

Bezerra

20

Reforma Íntima

Desejamos lembrar novamente a necessidade tão imperiosa de u'a maior aplicação ao esforço de reforma íntima, em todos os setores.

Muito já alcançastes nesse campo, no entanto alguns de vós, tendo atingido o essencial, que é o abandono das atrações mundanas mais prejudiciais ao próprio progresso espiritual, de certa maneira estacionaram; assim é que alguns de vós, embora certamente não tenham a pretensão de haver atingido o final da própria jornada evolutiva, de certa forma acomodaram-se numa rotina, é verdade que de trabalho, renúncia e devotamento, porém, esqueceram-se de que o alvo a alcançar é a perfeição absoluta, o desprendimento integral, o amor sem limites a todos os seres da Criação.

Não vos convidaríamos ao fanatismo, irmãos queridos, ou à fuga do mundo. Convidamo-vos, isso sim, à movimentação constante no sentido do próprio aprimoramento espiritual, pelo estudo incessante e pela difusão desse estudo entre vossos irmãos menos esclarecidos, pela dedicação não apenas às tarefas a que fostes especificamente chamados, mas também a outros setores de atividades altruísticas, e, especialmente, por um esforço evangelizador mais acentuado no seio do próprio lar.

Irmãozinhos, recordai-vos de que a instrução e auxílio

espirituais que vindes recebendo é mais do que suficiente para vos habilitar a mais altos vôos no campo do devotamento e do esforço sacrificial em benefício do próximo.

Bezerra

21

Fraternização

"Amai-vos uns aos outros como eu vos amei", foi o mandamento máximo legado pelo Senhor Jesus.

"Amai-vos uns aos outros", por nossa vez vos repetimos nesta ocasião em que realizais a primeira reunião do novo ano.

Notamos com satisfação a maneira pela qual todos fraternalmente auxiliam os médiuns de maior responsabilidade neste trabalho.

No entanto, pediríamos aos irmãos muito queridos: Amai-vos, não vos estimeis apenas. Amai-vos com grande e entranhado afeto, não vos limiteis a um esforço no terreno da fraternidade e da tolerância.

Amai-vos profunda e sinceramente, não vos auxilieis mutuamente apenas por ser vosso precípuo dever.

Amai-vos, irmãozinhos meus, como Jesus ensinou seus discípulos e todas as suas ovelhinhas a se amarem mutuamente.

Irmãozinhos aprendizes, sendo a fraternidade sincera e a amizade verdadeira a vos unir, tanta satisfação tendes dado ao próprio Mestre pelos bons resultados alcançados que vindes obtendo em vossos trabalhos, que graças ilimitadas alcançaríeis e grandiosos cometimentos vos poderíeis abalançar se cultivasseis o Amor!

Vede bem, irmãos tão queridos, que esplêndida oportunidade tendes de iniciar o cultivo do verdadeiro amor cristão, pois estais em seleta companhia. E não será fácil cultivar o amor e todos os bons sentimentos, estando-se em seleta companhia?

Depois, feita esta parte inicial, entre irmãos que possuem tanta afinidade, animados pelos mesmos propósitos de santificação, aplainadas achareis as arestas mais agudas de vossos corações, e de vossos sentimentos ainda personalizados. Então, com possibilidade de rápido sucesso vos podereis lançar ao cultivo do amor universal, que deveis estender a todos os seres da Criação.

Sereis então verdadeiros prepostos do Mestre e do Criador, e tereis por pátria não um país, não um continente, nem sequer um planeta ou sistema solar, mas o Universo de Deus.

Bezerra

22

CONSELHOS III

Não podemos deixar de vos recomendar novamente atenção e vigilância, prece e cuidado constantes. As forças do Mal, bem o sabeis, aproximam-se mais e mais dos trabalhadores do Bem, e a cada dia cresce o seu número e poder.

Buscai, portanto, fortificar-vos dia a dia, constantemente vos precavendo contra as sugestões inferiores que de todos os lados vos cercam e convidam à inércia, ao descanso indevido, à diversão menos elevada, à companhia menos evangelizada, à demora em zonas inferiores do pensamento, e ao esquecimento dos mais sagrados compromissos.

Acautelai-vos também contra as situações menos elevadas em vossa vida de relação, aquelas, irmãos meus, que tantas vezes degeneram em discussões e conflitos. Quando virdes que a palestra vai assumindo tom menos cordial, afastai-vos, ou mudai de assunto. Quando virdes que o companheiro que se demora ao vosso lado assume intenções menos dignas em qualquer sentido, afastai-vos, irmãos meus. Quando, numa hora de lazer, pensamentos menos dignos vos acudirem, abri o Evangelho, ou buscai algo de útil a fazer.

Nunca vos demoreis em situações que se possam tornar menos evangelizadas, menos elevadas e inspiradoras de maus pensamentos e atitudes. Buscai sempre o que seja bom e elevado, fugi do que seja inferior e perigoso à vossa evolução e, com a aquisição de tão salutares hábitos, paulatinamente mais fácil se vos tornará a luta pela própria redenção, pois o hábito do Bem e da virtude, uma vez adquirido e firmado torna-se, porque não dizê-lo, quase fácil.

Não vos esqueçais de que Jesus vos disse: "O meu jugo é suave, e o meu fardo é leve." Por que, então, encarar a virtude como fardo pesado e difícil de carregar, e o jugo do Mestre amoroso como servidão?

Buscai as situações em que não seja tão difícil a prática da virtude, e fácil se vos tornará ela. Naturalmente, não vos convidamos a fugir à luta redentora, e ao mundo em que o Pai vos colocou. Convidamo-vos, isso sim, a fugirdes às situações menos elevadas, que bem poderíeis evitar se analisásseis com cuidado os convites que recebeis, e as oportunidades que se vos apresentam de irdes aqui ou ali.

Bezerra

23

"E ACONTECERÁ NOS ÚLTIMOS DIAS QUE DERRAMAREI DO MEU ESPÍRITO SOBRE TODA A CARNE." *(Atos 2:17)*

Pentecostes universal está ocorrendo. Médiuns despontam e repontam. Cristo chama: quer falar à Terra; a mensagem é urgente, os mensageiros têm de estar atentos. Voam Suas palavras por toda parte.

Olhos aprendem a ver, ouvidos adestram-se, os corações se erguem; querem todos ver o Mestre, ouvir o Mestre, receber e retribuir o amor do Mestre.

Pentecostes. O Espírito Santo que se derrama. É o soar do clarim das hostes angélicas, convidando ao despertar.

Os adormecidos serão trasladados para as trevas exteriores onde há choro e ranger de dentes. Os que despertarem para o serviço a Cristo e a Deus serão contados entre os eleitos.

Cairbar

24

OS MALES DA DÚVIDA

Perdoa as nossas dívidas, repetimos no "Pai Nosso."

Perdoa as nossas dúvidas, parafraseamos, respeitosamente, a venerável oração de Jesus, ao Pai das Luzes.

A dúvida mata as mais belas sementes de progresso e espiritualidade.

É o joio pior que há, ao lado da promessa de sementeiras fartas, de trigo opulento e generoso.

É inimiga figadal de médiuns e de mediunidade: ao lado da vaidade, forma o par de rochedos que tem feito naufragar muito barquinho recém-lançado no oceano cristalino e puro da tarefa espiritual.

Acautelem-se os médiuns contra esses dois elementos dissolventes; tenham consciência do que fazem, do valor do que produzem, da elevação, maior ou menor, das entidades e inspirações recebidas, mas não permitam que seu barco naufrague ou seja, sequer, avariado. Passem de largo ao divisarem o estreito fatal.[1]

Emmanuel

[1] Passagem perigosa no Mar Egeu.

25

AINDA QUE UM ANJO DO CÉU VOS ANUNCIE OUTRO EVANGELHO, SEJA ANÁTEMA."

Cabe aos servidores do Cordeiro restaurar a pureza original do Evangelho. O que se vem pregando e ensinando, não é bem o que Cristo pregou. Esse que está registrado na terra é belo, é precioso, é sábio. O original porém é tudo isso e ainda mais: é autêntico e verdadeiro.

Tivesse o Evangelho conservado sua pureza, estaria a terra redimida de há muito. Aqueles mesmos que o deturparam, são agora os primeiros a se empenharem em sua restauração.

Deus abençoe esse sagrado esforço e o coroe de sucesso. É vontade de Cristo que assim seja e assim há de ser.

Emmanuel

26

"E QUALQUER QUE FAÇA TROPEÇAR UM DESSES PEQUENOS, MELHOR SERIA QUE FOSSE LANÇADO AO MAR." (Marcos 9:42)

O soldado que tropeça na batalha está perdido: se o inimigo o surpreende vacilante, golpeia-o mortalmente.

Que não haja na Casa do Senhor pedra alguma de tropeço, pois se o soldado, valoroso e fiel, tropeçar por culpa alheia, não será arrolado entre os derrotados, mas entre os vencedores.

Irá para a triste lista dos Exilados da Terra o invigilante que para lá tenha levado, e lá deixado, a pedra de tropeço e de escândalo.

Emmanuel

27

"Seja feita a tua vontade, assim na Terra como no Céu." (Mateus 6:10)

Diariamente repetimos estas palavras da prece dominical, assim rogando, como nos ensinou o Mestre, que sejam cumpridas as ordenações do Senhor na Terra e no Espaço.

Mas, por muito sinceramente que pronunciemos este versículo do Pai Nosso, pouco valor terá tal sentimento se não nos esforçarmos para que seja feita a vontade do Pai em nós mesmos, procurando obedecer ao Evangelho do Mestre, abandonando velhas imperfeições e galgando mais altos degraus na escala evolutiva traçada pelo Senhor.

Não aguardemos que se faça a vontade de Deus como se cumpriria a de orgulhoso e violento potentado terrestre, inclinado a destruir qualquer obstáculo que se antepusesse a seus caprichos. O Pai, em sua infinita sabedoria, concedeu-nos o livre-arbítrio para que tenhamos todo o mérito decorrente de nossas lutas e acertos no campo do bem maior.

Busquemos o cumprimento da santa vontade de Deus primeiro em nosso mundo interior, pois que o foco de luz que então se fará em nossas almas se irradiará por toda parte, em constante expansão, até que todos os seres tendo finalmente tomado a mesma firme decisão de auto-reforma, se possa estabelecer o Reino de Deus na Terra.

Emmanuel

28

"DÁ A QUEM TE PEDIR E NÃO TE DESVIES DAQUELE QUE QUISER QUE LHE EMPRESTES." (*Mateus 6:42*)

Ensinou-nos o Mestre a atender aos pedidos, naturalmente justos e razoáveis, que nos sejam feitos; mas, podemos aprofundar ainda mais tão elevado ensinamento.

Recordemos que, por toda parte, encontramos companheiros necessitados de auxílio e orientação, mas que, faltos de conhecimento evangélico, ignoram a própria deficiência de recursos espirituais. E ainda alguns desses, imersos em mais dolorosa e profunda cegueira, desconhecem mesmo a profunda dependência em que nos encontramos, todos nós, do amparo e proteção divinos.

Não esqueçamos que há quem detenha fartos recursos materiais, inconsciente da própria carência de alimento espiritual; atentemos para quem se encontra em elevada posição social, e desconhece que lhe faltam conquistas morais apreciáveis; lembremo-nos dos intelectuais que não aprenderam ainda o princípio da ciência do Espírito.

Ampliemos o ensinamento evangélico, e não nos limitemos a auxiliar quem nos solicite a cooperação; recordemos que nem todos os habitantes da Terra jamais desejaram a presença de Jesus em seu meio, mas, nem por isso, deixou o Mestre de se doar integralmente a todos e por todos, doação em que prossegue, incansável, através dos milênios.

Emmanuel

29

PALAVRAS ETERNAS

Segundo relato constante dos "Atos dos Apóstolos", Herodes, vestindo seus trajes reais, proferia um discurso da tribuna que ocupava. E o povo, talvez por lisonjeá-lo, ou pode ser que tomado de admiração de seus possíveis dotes oratórios — o motivo não sabemos, aplaudia-o, exclamando: "Voz de Deus, não de homem." (Atos 12:22). E prossegue o mesmo texto relatando que o Anjo do Senhor então feriu a Herodes por sua impenitência em não louvar a Deus, e em resultado, foi ele acometido de terrível moléstia que encerrou sua passagem pela Terra.

Ainda hoje, muitos são os que se iludem com pomposos discursos e brilhantes arranjos verbais, bem imaginados e melhor proferidos, mas vazios de qualquer significação elevada.

Enquanto isso, o verbo humilde e luminoso do Divino Mestre, singelo e sábio, profundamente amoroso e significativo, prossegue ignorado por imensa multidão, ou apenas superficialmente conhecido, relegado a segundo plano nas cogitações humanas. E insistem os povos, não-obstante incontáveis e dolorosas experiências passadas, em aplaudir o verbo inflamado de ditadores e guerreiros, porque estes lhes satisfazem os íntimos sentimentos de agressividade e violência, exacerbando-os até que se tornem em devastadoras tempestades de orgulho e crueldade.

Entretanto, as palavras do Mestre Jesus, por sua infinita sabedoria, vencem e vencerão através dos séculos, sobrepondo-se à agitação efêmera criada pelos confusos dirigentes de movimentos guerreiros e antifraternos, aniquilando, inexoravelmente, o mal deixado como doloroso rastro à passagem dos que deturpam as sagradas finalidades dos dons de expressão concedidos pelo Criador.

Confiantes na afirmativa de Jesus Cristo encerrada em Lucas 21:33 — "Passará o céu e a terra, mas as minhas palavras não hão de passar", neste momento dirigimos ao Senhor da Vida, breve e singela prece: Cumpra-se mais esta promessa do Divino Mestre.

Emmanuel

30

Retribuição

O amor com que trabalhardes e a confiança que depositardes no amparo do Senhor, serão retribuídos com maiores bênçãos do Alto, e com a confiança que em vós será depositada para a realização de grandes trabalhos úteis a toda a humanidade.

Emmanuel

31

ESFORÇO PARALELO

O esforço do médium no aperfeiçoamento intelectual não dispensa a ação ininterrupta da vigilância para a reforma moral.

— No programa do médium a serviço de Jesus a perseverança e a uniformidade de sentimentos com base no Evangelho; a fé e a confiança em si mesmo, são virtudes que deve conquistar para realizar o seu trabalho de forma proveitosa.

— A modéstia — inimiga da presunção —; a vida silenciosa, a produção de trabalho útil, o recolhimento interior, são fatores que estabilizam as condições mediúnicas, preparando-as para um feliz evento ou uma fecunda produção.

— Trabalho (levantador de energias psíquicas), equilíbrio, metodização, são condições decorrentes que tornam a vida do médium um manancial de benefícios nos ambientes em que atua.

— Uma existência de trabalho mediúnico intenso e voltado para o Bem equivale a várias existências; o homem comum somente aprende a disciplinar-se através do sofrimento.

— Aproveitemos, pois, os benefícios que nos foram outorgados com a tarefa mediúnica e sigamos com Jesus consolando os aflitos e sofredores, socorrendo os necessitados e difundindo pelo mundo o Evangelho redentor.

Emmanuel

32

Em Torno do Mestre

Em torno do Mestre nos reunimos como se ocupássemos pequena ilha, rodeada e batida de revolto mar. Às vezes, suas ondas nos atacam mais fortemente, pois as paixões encapelam o oceano da humanidade, tornado furioso por pressentir a próxima vitória do Cordeiro. Então, Ele mesmo, em sua excelsa sabedoria, nos põe à prova o equilíbrio e a persistência nos caminhos evangélicos.

Aproxima-se grande procela e, se não estivermos firmes na fé, se nossos corações e olhos não estiverem postos na bonança que certamente virá, seremos arrebatados e submersos pelo oceano das trevas que brama e ameaça e, o que é pior, por vezes seduz e atrai.

Deus vos fortaleça. Permanecei em vigilância e oração.

Emmanuel

33

BUSCA DA VERDADE

"Se alguém quiser fazer a vontade d'Ele, pela mesma doutrina conhecerá se ela é de Deus, ou se falo de mim mesmo." (João 7:17)

Sendo Deus a suprema sabedoria e infinito amor, a prática de seus mandamentos só pode produzir resultados surpreendentemente felizes. No entanto, olvidando que da divina fonte de entendimento e bondade só pode promanar o bem, tem a humanidade, através dos séculos, aceitado como provenientes de Deus, doutrinas bem pouco louváveis e grandemente nocivas. E isso por não terem compreendido as palavras de Jesus ao dizer que, pela disposição de conhecer e praticar a vontade do Pai, seus seguidores conheceriam se o Evangelho por Ele trazido teria ou não o cunho de divina autenticidade.

Entretanto, não só se revelaram os homens incapazes, em sua quase totalidade, de compreender e praticar o Evangelho redentor, como ainda o deturparam e desviaram de sua finalidade: iluminar o íntimo de cada consciência, exteriorizando-se depois em atos de fraternidade. Em razão disto, muito se enxertou no Evangelho e muito pouco se o tem praticado.

Atualmente, no campo da grande luta que se vem travando entre as forças devotadas ao mal e as entidades esclarecidas que trabalham pelo retorno do Evangelho às suas primitivas características de simples e genuíno código de conduta aplicável em todos os momentos e circunstâncias, a responsabilidade maior cabe àqueles que lhe reconhecem a divina procedência e estão conscientes de suas próprias possibilidades de pô-lo em prática, desde que o desejem. E é a estes, como portadores do talento maior, que o Mestre pedirá contas do depósito confiado ao mundo, através de seus ensinamentos e sua perfeita exemplificação, há quase dois mil anos.

Ignácio

34

ADVERTÊNCIAS

Ó homem vão! Que esperas encontrar ao fim de tua inconsiderada carreira?

Hoje persegues a mulher que te despertou a concupiscência; amanhã, dela cansado, buscarás outra mais bela, mais sensual.

Cobiças a posição que teu próximo ocupa, e não hesitas em mentir, subornar, caluniar e denegrir a reputação daquele cujo posto ambicionas. Depois, desejarás subir mais alto, e novas faltas cometerás, desde a promessa não-cumprida a teus eleitores, ou àqueles que te possam auxiliar a ascensão, até crimes ainda mais terríveis.

Aonde esperas chegar, perseguindo o ideal passageiro e a forma transitória pelo caminho do erro e do pecado?

Sorris à menção da palavra pecado. Ouviste-a pronunciada pelos sacerdotes nos púlpitos, seguida de ameaças de um inferno ardente e eterno. Tua razão esclarecida, acima de superstições medievais e ameaças desarrazoadas e faltas de lógica, faz-te sorrir desdenhosamente ante tais ameaças.

Mas não percebes que se não há, não pode haver inferno onde fogo material eternamente queime alma imaterial, existe dor na Terra, cruelmente martirizando homens aflitos, mulheres torturadas, crianças cujo quinhão, ao invés de doces e sorrisos, é o pão amargo da caridade mal praticada e lágrimas ardentes?

Como podes, diante de tanta dor, rir desdenhosamente à menção da palavra “inferno”? O teres recebido falso ensinamento a seu respeito não te autoriza a negar sua existência.

Escarneces a imortalidade da alma. Julgas que com a morte tudo se acaba. Não persistas em tal engano.

Como dás tão grande importância a teu “Eu” aparente, **quando vês que pelo sono anulam-se tuas faculdades pensantes?** Quando vês desaparecer, tragada pela sepultura, essa mesma realidade aparente de milhões de semelhantes?

Procura analisar a ti mesmo, entrega-te à meditação e, seguramente, se à tua aplicação intelectual aliares pequena dose de humildade, algo descobrirás em ti: uma realidade interior até agora não-percebida em tuas auto-análises superficiais e pouco adequadas a tal percepção.

Assenta-te por momentos à margem do caminho que percorres tão impensadamente, cego em busca do prazer transitório, da sensação fugaz, do poder que cedo te escapa das mãos, e que, se traz a lisonja do mundo a incensar-te a vaidade, atrai também inveja, despeito e ódio.

Medita alguns instantes por dia, consciente e honestamente. Medita e interroga teu íntimo: “Quem sou? Que faço? Para onde vou?” Na meditação encontrarás tesouro mais valioso que todos os bens terrenos, satisfação superior a todos os prazeres sensuais e febricitantes que agora tanto representam em tua vida, mas que um dia te deixarão só, em misérrimo abandono.

Um dia estarás só, diante de tua própria consciência. Que será então de ti?

Prepara-te agora, e suave será teu despertar no Além. Desperta espontaneamente para a realidade espiritual, antes que a dor te colha e aprisione em cárceres de ferro, sob a chuva de tuas iniqüidades passadas, que sobre ti cairão como gotas de fel ardente.

Não desdenhes receber agora a misericórdia do Senhor, enquanto a vida te sorri. Acautela-te, ou o sorriso se extinguirá, e a tua porção será um cálice de amargura, que agora te leva a desprezar aqueles que observas a tragá-lo, julgando-os, em tua cegueira, feitos de massa inferior à tua, mas ao qual não poderás fugir, se acaso te couber.

Desperta ao chamamento de amor e luz, antes que a dor e as trevas te envolvam, e conduzam a angustiado entendimento da realidade desprezada.

Isaías

35

AGUARDAR O FUTURO

O desejo, tão caro aos vossos corações, de ver restaurado o Evangelho do Mestre, há de ser realizado; não-integralmente, mas em grande parte.

Não haverá jamais necessidade de qualquer alteração na parte em que explicou o Mestre seus ensinamentos morais, cuja elevação é bastante grande para as mais evoluídas humanidades do Universo. Mas a parte de que se utilizou a Igreja para criar seus dogmas será alterada de acordo com a verdadeira essência do ensino do Mestre, e reconduzida à forma primitiva, por Ele deixada em sua passagem sacrificial pela Terra.

Não teria grande autoridade entre os adeptos de outras religiões a comunicação que de nós recebesseis acerca da verdadeira forma dos ensinos do Mestre.

Temos, entretanto, a imensa felicidade de vos poder anunciar que serão proximamente descobertos antigos pergaminhos e documentos contendo a verdadeira essência dos ensinos de Jesus. A autenticidade desses documentos e pergaminhos não poderá ser contestada; será, antes, cabalmente comprovada pelos cientistas e peritos de vosso mundo.

Podemos assegurar-vos que, sem a menor dúvida, **será a**

doutrina do Mestre restaurada em sua pureza original. E, ainda que persistam alguns em negar a evidência dos fenômenos mediúnicos que se darão em larga escala, de maneira alguma poderá ser alegado desconhecimento da verdadeira doutrina do Mestre.

Esses documentos serão encontrados na Palestina, e sua descoberta dar-se-á graças a uma convulsão geológica.[2]

João, Apóstolo

[2] Não se tratam, pois, de alguns documentos descobertos em uma gruta, na Palestina, mas de outros, após uma convulsão geológica, como diz o Apóstolo.

36

CUIDADOS COM O CORPO

O Mestre deu-nos o exemplo do uso adequado e santo de um corpo de carne. Jamais o utilizaria Ele para satisfação própria, mas unicamente como veículo para que pudesse trazer seus ensinamentos aos encarnados.

Necessitou Ele de um organismo de carne como o vosso, sem diferenças essenciais, **mas dotado de certas partes melhor desenvolvidas** para que seu Espírito, muitíssimo evoluído, pudesse transmitir a seu cérebro material as idéias avançadas que trazia, **e para que sua organização física correspondesse às grandes requisições de fluidos curadores**, de magnetismo humano necessário às operações de curas e fenômenos vários de efeitos físicos.

Nem por um instante traiu o Mestre a finalidade sagrada de seu organismo carnal, mas soube dele fazer autêntico templo onde habitava seu Espírito, para poder manifestar-se visivelmente aos homens da época.

É preciso que cada criatura aprenda a venerar o santuário em que provisoriamente habita, dele utilizando-se como de precioso instrumento que lhe é confiado pela misericórdia do Pai, e jamais como veículo de satisfações grosseiras e prazeres animais.

Dai preponderância à vossa natureza espiritual; dominai vossos instintos inferiores, e não tardareis a ver que dócil instrumento se torna vosso corpo de carne, obediente ao comando do espírito equilibrado e sublimado que o habita, Espírito tornando extraordinariamente forte pelas renúncias a que proceda no afã de, **vencendo a natureza animal** a que não mais lhe cabe obedecer, alçar vôo em direção ao reino do espírito.

Kardec

37

LUZ NAS TREVAS

O mais desinteressado amor saberá, com o amparo do Mestre excelso, ganhar os corações que se demoram ainda no amor de si mesmos, no amor que devotam a seu próximo, egoisticamente, aguardando uma retribuição, tantas vezes material, criminosa, ou abjetamente carnal.

O verdadeiro amor eternamente chama os corações transviados, seguro de que um dia seu chamamento será atendido. Chamai no silêncio que vos rodeia; a vibração amorosa do Mestre que vos envolve fará que vosso apelo fraternal ecoe muito alto aos ouvidos de toda a humanidade.

Iniciareis um chamamento específico endereçado àqueles que voluntariamente fecham seus ouvidos e seus corações à realidade espiritual.

Crede-me, a luz que há tanto resplandece nas trevas sem ser compreendida, brilhará agora com tamanha intensidade, que muitos olhos, fechados por rebeldia se abrirão, malgrado a orgulhosa indiferença de seus possuidores.

São verdadeiramente chegados os tempos em que a luz resplandecerá nas trevas para ser compreendida pelas trevas. Para tanto, dareis nova e decisiva contribuição.

Sabe disso o nosso irmão, e foi isso que o levou a organizar esta reunião. Não o enganou seu generoso coração ao pressentir que deveria dispor-se a este trabalho. Jesus não permitirá que sua amorosa expectativa seja desapontada e sua iniciativa fique balda de magníficos frutos, frutos que serão ofertados a mancheias àqueles que se dispuserem a recebê-los com um mínimo de boa vontade e humildade, sujeitando-se assim ao Pai por primeira vez enquanto encarnados. Não dizemos em suas vidas espirituais, mas entre os encarnados, porque é mister que o Espírito receba a luz enquanto enclausurado na matéria, para que dela se liberte; de nada lhe vale receber luz e esclarecimento no espaço, porém desprezá-los e trocá-los pelas paixões inferiores, mal se encontre novamente encarnado.

Vibrai harmoniosamente, e mentalizai freqüentemente, que destas reuniões colheis páginas de luz e esclarecimento, que iluminarão e santificarão os impulsos e a natureza dos companheiros que se demoram há tantos milênios nos graus inferiores em que ainda se comprazem.

Mentalizai muito freqüentemente o bom, o excelente resultado deste vosso humilde esforço, e bem-sucedido ele será.

Lembrai-vos sempre de que é preciso paciência, perseverança e humildade.[3]

Kardec

[3] O Espírito referia-se a reuniões que realizávamos para aperfeiçoamento mediúnico.

38

BUSCAR REALIDADES

"Ele foi oprimido, mas não abriu a sua boca; como um cordeiro foi levado ao matadouro e, como a ovelha muda perante os seus tosquiadores, ele não abriu a sua boca." (Isaías 53:7).

Assim foi, assim é o Mestre afligido por aqueles que o não recebem em seus corações endurecidos, ainda que o louvem com os lábios; por aqueles que amam e seguem a vaidade do mundo, ao invés de serem submissos à sabedoria das leis do Criador.

Buscam os homens alcançar a paz, desordenadamente, segundo sua humana sabedoria, e não através do Mestre, único doador da verdadeira harmonia: "Deixo-vos a paz, a minha paz vos dou. Não vô-la dou como o mundo a dá." (João 14:27).

Por que julgam os homens que suas assembléias fundadas em bases de orgulho, vaidade e prepotência, possam estabelecer a paz no mundo? Por que recusam receber a concórdia e a harmonia das mãos generosas do Mestre, pela vivência de seu Evangelho? Porque ambicionam o mérito do estabelecimento da paz mundial. Não a desejam como dádiva do Senhor, mas sim que seja obra sua, para dela se envaidecerem, para dos homens receberem glória e louvor, honrarias e o título de pacificadores.

Entretanto, quando ao fim de seus trabalhos disserem: "Há

paz e segurança, então lhes sobrevirá repentina destruição." (I Tessalonicenses 5:3).

Na realidade, amam os homens antes as obras perecíveis de suas mãos e de sua sabedoria humana, que as do supremo Criador; amam o próprio mal que praticam, antes que louvem o Senhor, benigno e compassivo; amam a qualquer pedaço de matéria bruta a que consigam, paciente e trabalhosamente, dar artística forma, mas não sabem ver na intimidade dessa matéria o prodígio da sabedoria divina; gloriam-se no poder que tenham de curar, mas não se curvam ante o Criador de todos os organismos, supremo dispensador da saúde, ou em sua sabedoria de Pai que corrige e orienta, na enfermidade; louvam aquele que, talentoso, escreve harmonioso poema, mas não se dignam enviar um pensamento de glorificação ao Criador da suprema poesia do Universo.

Mateus

39

Hora Que Se Aproxima

Tremei, vós que por orgulho e vaidade, fechai os olhos à divina mão criadora e sustentadora do Universo, que aponta o caminho da sabedoria e da libertação aos que a buscam.

Tremei, porque chegado é o tempo de grandes e dolorosos flagelos coletivos. Se persistirdes em ignorar a mão consoladora e amiga do Senhor, vireis a senti-la em vossa própria carne, em vosso próprio Espírito, não mais como doadora de paz e alegria, mas corrigindo e retificando com severa energia; ainda que seja Deus amoroso e compassivo, se abrirdes espontaneamente vossos olhos à realidade espiritual, estareis invocando o anjo da dor para que vos desperte e vivifique em espírito, e aniquile tudo que, vão e transitório, se vos afigura de sua importância, mas nada é.

Mateus

40

VALORES ESPIRITUAIS

Ao mesmo tempo que o anjo do Senhor despeja sobre a Terra as brancas pétalas do puro lírio celeste, buscam os homens renovados motivos de contenda, e ocupam-se em preparar, para sua própria destruição, novos recursos mortíferos. Lutam por afundar-se em abismos de trevas e ignorância espiritual, de onde colhem dor e destruição. Compraz-se o orgulho humano em arrancar da terra, por suas próprias mãos, espinhos que ferem, antes que as apresentem, súplices, a receber as pétalas do amor divino.

Por muito tempo foi, à humanidade, ensinado que as bênçãos do amor divino caem de preferência sobre os sofredores voluntários, sobre aqueles que, em cilícios e lágrimas a tudo renunciam e, a este tétrico quadro de auto-flagelação e martírio, foge a maioria, espavorida.

Poucos recordam que igualmente junto aos felizes da terra estará o Senhor, se souberem que também de riso e alegria se dá esmola, que de um sorriso espontâneo e carinhoso se pode fazer preciosa doação.

Por que insistir na necessidade de renúncias, tantas vezes superficiais, e tendo como resultado um envaidecimento íntimo ruinoso ao progresso espiritual de sua vítima?

Ensinai antes que cristianismo é alegria, e que o Espírito

liberto, em qualquer circunstância, desfruta paz interior, ainda que carregado de cadeias materiais, sofrendo cruel provação ou moléstia.

Frisai em vosso ensino, particularmente, a necessidade da iniciação consciente e metódica no que, para vós, são os arcanos da diferença entre o Eu real e o Eu aparente das criaturas. É ponto essencial na iniciação de outras escolas, e a ele deveis dar maior importância.

Se estiverdes profundamente conscientes do vosso Eu real, dareis à matéria tão somente seu justo valor e importância; possuindo tal compreensão, não vos podereis envaidecer do domínio que sobre ela alcanceis, de vez que o desvanecimento de uma vitória é proporcional ao valor atribuído ao adversário.

Mateus

41

DIVINA LUZ

"E, tendo nascido Jesus em Belém de Judéia, no tempo do rei Herodes, eis que uns magos vieram do oriente a Jerusalém. E eis que a estrela, que tinham visto no oriente, ia adiante deles, até que, chegando, se deteve sobre o lugar onde estava o menino. E vendo eles a estrela, alegraram-se muito com grande alegria. E, entrando na casa, acharam o menino com Maria, sua mãe, e, prostrando-se, o adoraram; e abrindo os seus tesouros, lhe ofertaram dádivas: ouro, incenso e mirra." (Mateus, capítulo 2).

Vossa tradição cristã carinhosamente conserva a lembrança de três magos a acompanharem, por longos caminhos uma estrela que os conduzia ao menino Jesus, ao qual ofereceram preciosas dádivas.

Eis o belo símbolo que convém a cada um aplicar a si mesmo: a estrela que resplandece eternamente é o Evangelho do Mestre, alumiando as trevas conscienciais, sublimando impulsos inferiores, dulcificando corações.

Seguindo a divina luz do Evangelho, chegareis aos pés do Mestre Jesus e lhe ofertareis as três preciosas dádivas que já tereis então preparado: um coração pleno de amor, uma mente evangelicamente esclarecida, e imensas possibilidades de trabalho junto a Ele.

Mateus

42

COMBATER A IGNORÂNCIA

O quadro representando o Cristo a carregar a sua cruz e a receber maldições da multidão, como se não fora Ele o bendito do Senhor, é representação não somente do crime da impiedade, é símbolo da ignorância.

A ignorância é que gera a impiedade, é que gera todo o mal. A vós caberá muito trabalhar por sua destruição.

Recebereis palavras de luz, tereis o amparo do Mestre.

Preparai-vos e seremos os humildes mensageiros dessas palavras. Nós as traremos até vós, e vós as levareis aos vossos irmãos.

Não vos repetiremos as instruções já dadas sobre humildade e perseverança. Mas outra instrução vos trazemos: muita paciência será preciso que tenhais em vossos corações.

Lembrai-vos de que o Cristo representou o Reino dos Céus por pequena semente de mostarda, que é a menor de todas as sementes, mas, crescendo, torna-se em enorme árvore.

Entretanto, não olvideis o fator tempo nessa transformação.

Paciência, amor e sinceridade de propósitos serão vossas armas neste combate pacífico de idealismo santo. Nós contamos com outros recursos, de que não dispondes. Unamos nossas armas neste propósito, e venceremos.

Mateus

43

O Anjo da Luz

Recebei o anjo de luz que o Senhor vos envia, se não quiserdes que venha sobre vós o que vossos livros santos chamam "o grande dia de sua ira." (Apocalipse 6:17).

Verdadeiramente, esse dia será o tempo da enérgica ação corretiva de um Pai de amor infinito, mas cuja paciência não se prolonga a ponto de prejudicar o avanço espiritual de seus filhos. Ainda que não sejam amor e paciência que possam, de forma alguma, esgotar-se, necessariamente, nos extremos de rebeldia e recalcitrância de um Espírito, permitem manifestações de mui rigorosa severidade para despertamento e libertação das criaturas.

Buscai espontaneamente, enquanto é tempo, o entendimento do Evangelho do Senhor. Compreendei que "o jugo do Mestre é suave, e seu fardo leve" (Mateus 11:30); entendei que "os seus mandamentos não são pesados" (I João 5:3).

Buscai sinceramente a luz do esclarecimento evangélico, e compreendereis que cristianismo é alegria, que a renúncia aos excessos mundanos gera preciosa satisfação interior, e finalmente, que seguir ao Mestre é encontrar a verdadeira felicidade do Espírito, não-subordinada à posse de bens transitórios e perecíveis, ou à inconstância dos sentimentos e paixões humanas, mas, isto sim, legítima e eterna.

Mateus

44

Responsabilidade dos Pais

"E qual dentre vós é o homem que, pedindo-lhe pão o seu filho lhe dará uma pedra?" (Mateus 7:9).

Quantos filhos, rogando silenciosamente o pão do esclarecimento e da fé, recebem doses maciças de ignorância e descrença espiritual, temperadas com falsas aparências de profundo amor e desvelos indignos de pais humanos, dignos talvez de feras inconscientes.

Quantos desvios! Quantos coraçõezinhos dilacerados, perplexos e confusos, recordando ainda ensinamentos altruístas recebidos nas Escolas Pré-Reencarnatórias da Espiritualidade, contemplando exemplos vivos, francamente opostos, de seus pais terrenos.

Quanta resolução boa trazida do Espaço é destruída pelos maiores responsáveis em mantê-la! Quanto ensinamento útil à evolução do Espírito recém-reencarnado é apagado pelo mau exemplo do lar, quando não pela frontal oposição à sua prática! E a fé, espontânea na aparência, porém que muita vez terá custado séculos, milênios para despertar, destruída por pais inconscientes, que não meditam na vastíssima extensão de sua responsabilidade e que, aparecendo como seres supremos aos olhos infantis, aos mesmos olhos apresentam convites vivos à descrença e à materialidade.

Quantos Espíritos em estágio na forma infantil, trabalhosamente encaminhados para o bem e a compreensão superior da vida, são assim brutalmente reconduzidos para o mal e a incompreensão, com os quais ainda conservam afinidades, e nos quais hão de estagiar longamente, aguardando novas visitas da dor e do amor esclarecido para reiniciarem, vacilantes, a caminhada redentora.

De que vale a freqüência pré-reencarnatória às escolas da verdade e do bem, do respeito à vida, da fraternidade para com todos os seres e do amor para com Deus, se os pequenos recém-chegados à Crosta têm em casa exemplos de mentiras e deslealdade, de graves defeitos morais, presenciam desrespeito para com a vida em suas múltiplas formas e manifestações, contemplam brutalidade, egoísmo e esquecimento do Criador?

De que adianta o tremendo esforço educacional do plano invisível aos olhos humanos, se todo o empenho da esfera material, quando existe, parece ser no sentido de proporcionar às crianças superficial educação e cultura simplesmente terrena?

Pais terrenos, as tenras criaturinhas que Deus vos confia, é mister lhe sejam um dia apresentadas em figura de valorosos trabalhadores do bem. E ai de vós, se não puderdes responder dignamente quando o Supremo Juiz vos disser: "Dai conta de vossa mordomia."

"Muito se exigirá daquele a quem muito se confiou", e o mais precioso dos depósitos é o de criaturas regeneradas no plano espiritual, fortalecidas em seus bons propósitos, instruídas e orientadas no sentido da própria redenção pelos Mestres Pré-Reencarnacionistas e que, envergando novos trajes carnais, são entregues aos detentores da excelsa missão da maternidade ou da paternidade.

Maurício Zelani

45

AÇÃO REDENTORA

"Ele não está aqui, porque já ressuscitou, como havia dito. Vinde, vede o lugar onde o Senhor jazia." (Mateus 28:6).

Nunca houvera dias como aqueles na vida dos companheiros de Jesus: tinham experimentado a maior alegria e mais ardentes esperanças na entrada triunfal do Mestre em Jerusalém, certos de que muito em breve revelar-se-ia Ele, clara e insofismavelmente, como o enviado de Deus. Depois, a enorme decepção: Jesus fora crucificado, e junto com seu corpo estariam sepultadas as esperanças de redenção do oprimido povo de Israel.

No entanto, chegando ao sepulcro, Maria Madalena e aquela que o Evangelho registra simplesmente como "a outra Maria", tiveram a imensa alegria de ouvir, segundo o relato de Lucas, a boa nova: "Por que buscais o vivente entre os mortos? Não está aqui, mas ressuscitou."

Na verdade, por bem pouco tempo jazera o corpo do Mestre no sepulcro, **tendo sido por Ele desfeito** para que "não visse a corrupção", assim dando cumprimento às profecias antigas.

E, se for este o nosso caso, procuremos reviver o Evangelho de Jesus, reanimando a sagrada centelha do entusiasmo que nos arrebatou ao lhe penetrarmos pela primeira vez a infinita sabedoria e imorredoura beleza.

Penetremos nos arcanos de nossa própria consciência, a ver se o Evangelho do Mestre lá permanece em deplorável estagnação, ou se o soubemos manter vivo, a desdobrar-se em obras de amor e gestos de luz. E, em qualquer caso, vivifiquemo-lo constantemente pela prece, pela vigilância e pelas boas obras.

Natanael

46

Ação Interior

Será no silêncio interior de cada alma que se manifestará o Reino do Pai. Não será por aparências exteriores, ainda que de sublime caridade.

Não pôde o próprio Mestre, pela prática ostensiva de milagres, por muitos considerados fantásticos, tocar os corações endurecidos de seus contemporâneos. Tampouco vós, irmãos meus, o podereis fazer de forma retumbante e sensacional.

Trabalhareis no silêncio de vossas consciências, na quietude de vosso templo, na mansidão de vossos gestos de carinho, com o amor de vossos corações.

Lembraremos novamente a parábola do grão de mostarda. Desta vez, recordaremos que é no silêncio, na frialdade da terra que se desenvolve a semente, e se torna em árvore imensa.

Silêncio em vossos corações, paz em vossas consciências.

Aguardai o desabrochar; a seu tempo se dará a germinação e o crescimento, e então surgirá a aparência de grande árvore aos olhos dos homens, por ora desdenhosos da pequena semente crística plantada em seus corações.

Aguardai em paz, recolhimento e esperança. Não desfaleçais ante a demora. Essa demora é necessária para que não haja violentação ruinosa ao desabrochar harmonioso da semente.

Aguardai o que se dará naturalmente, e não queirais intervir mais do que cabe a mensageiros amorosos e pacientes, como são os legítimos enviados do Pai.

O amor silencioso mais realiza do que o ideal tornado excessivo pelo zelo desmedido.

Paulo

47

Dádiva Preciosa

Ledes no Evangelho de Jesus: "Muitos reis e profetas desejaram ver este dia, e não o puderam ver." Assim também vos dizemos: muitos reis da Terra, muitos seguidores do Senhor, muitos humildes e abnegados trabalhadores da Vinha de Luz, teriam dado sangue de suas veias e todas as suas possessões, sem vacilar, pela bênção infinita que vós, felizes criaturas, recebeis da Misericórdia Divina a todo instante.

Irmãos, que contas tereis de dar desta oportunidade, já o pensastes?

Longe estais de poder avaliar em toda a sua extensão a grandeza de vossa oportunidade, infinitamente valiosa e, porque não dizê-lo, muito desejada por grande número de irmãos em véspera de reencarne.

Irmãos muito queridos, valorizai a vossa oportunidade tão infinitamente preciosa, e buscai aproveitar cada ensejo, pequenino que seja, de servir e auxiliar, pois de cada pequenino ensejo tereis de prestar contas, recebendo o devido galardão se bem tiverdes agido, e derramando lágrimas amargas ao reverdes vossas faltas.

Paz e amor.

Ramatis

48

Perseverar na Colaboração

Graças ao Pai pela bendita oportunidade de entrelaçamento com os planos da espiritualidade maior, neste santo propósito de auxiliar os irmãos encarnados tão necessitados de socorro e alívio aos seus inúmeros males, e também os desencarnados aflitos e desorientados.

Bem vos caberia o nome de Samaritanos do Senhor, pois sabeis sacrificar vosso conforto pessoal e vosso repouso neste dia, para aqui virdes em socorro de vossos irmãos mais necessitados do que vós.

Sabei que o Mestre Jesus toma boa nota de vosso sacrifício, enfrentando sol e chuva, condução difícil, atropelos e a oposição familiar, na perseguição ao vosso ideal de vos tornardes reais colaboradores do Senhor.

Que o Mestre vos abençoe a todos, a todos fortifique, anime e ampare nos momentos difíceis, e também permita que em vossos momentos de paz, harmonia e elevação possais armazenar energias espirituais que vos sejam úteis nas horas de dificuldades e tentações.

Paz e amor.

Ramatis

49

Testemunho Pessoal

"Nenhum mal achamos neste homem e, se algum Espírito ou anjo lhe falou; não resistamos a Deus." (Atos 23:9).

Observamos nestas palavras ditas em favor de Paulo que a base de alguma confiança acaso nele depositada seria o não terem encontrado mal algum em sua pessoa; estava, pois, em princípio, admitida a hipótese de ter ele sido depositário de alguma revelação superior.

Se alguma falha tivessem encontrado em Paulo, certamente pouca atenção lhe dariam, e o repeliriam sem maior exame de suas palavras.

Grande é a importância do testemunho pessoal que dermos a todos os instantes, não olvidando que, antes de mais nada, costuma-se analisar o caráter e a apresentação dos mensageiros de qualquer doutrina ou revelação, e o serem estas aceitas ou não depende fundamentalmente das qualidades morais de seus propagadores.

Façamos por merecer, pelo menos, as reservadas palavras de apreciação ditas em favor de Paulo, para que não venha a Doutrina Espírita a ser prejudicada em sua propagação pelo fato de os homens descobrirem "mal em nós".

Ramatis

50

O Valor da Iniciação

Escolhemos a parábola do Filho Pródigo. Bem a conheceis, e não nos seria necessário relatá-la.

Pertencemos todos à condição de filhos pródigos, em longa e penosa viagem de regresso ao Reino do Pai.

Notamos os mais variados tipos humanos, sub-humanos e já super-humanos, nessa romagem.

Alguns avançam rapidamente, conscientes do que lhes cabe fazer para mais depressa alcançarem o fim da caminhada. Os que possuem discernimento e segurança, coração puro e firmeza de propósitos, muito rapidamente chegam ao final do caminho.

Mas, se alguém está ansioso para se libertar da roda das reencarnações, apenas, com o intuito de se livrar da dor, sem pensar em seu próximo, sem visar o bem universal, sem se preocupar com a evolução da humanidade, mas apenas com a sua própria, não pode chegar tão depressa quanto espera. E, muitas vezes, pensando avançar, estão parados; julgando progredir para o Alto, estão andando em círculos, adquirindo conhecimentos, mas não abrandando o próprio coração.

Vede, irmãos, que não basta o desejo de avançar rapidamente. É preciso saber fazê-lo, é preciso buscar o progresso integral.

Fazendo grosseira comparação com a escalada de u'a montanha de vosso mundo material, se o alpinista conseguisse fazer seus pés completarem a ascensão, deixando seus braços, que teria ele feito senão estropiar-se?

Assim é que a ninguém convém levantar a mente até o mais alto dos planos intelectuais, se não souber dulcificar o próprio coração, para que também este ascenda aos páramos celestiais.

Ramatis

51

VALOR DA CRENÇA

Voltando à comparação anterior, do alpinista que se mutilasse para alcançar o cimo do monte, não lhe caberia, após essa experiência, o refazimento e a reconstituição do próprio organismo?

Assim também a qualquer que só pela inteligência brilhante alcançasse o Reino Celeste, caberá voltar, humildemente, em busca do coração que ficou para trás, esquecido ao sopé do monte. E quão doloroso não costuma ser esse regresso e essa busca, e quantas dores não alanceiam os corações que assim ficam para trás, sem acompanhar a evolução do intelecto!

Portanto, cuidai muito desveladamente para que vossa evolução não seja unilateral.

Estudai muito e amai muito, pois só assim podereis conservar vosso equilíbrio espiritual, sem os dolorosos dramas que afligem aqueles que se esquecem de uma de suas asas, desenvolvendo apenas a do intelecto, ou unicamente a do amor.

Porque, se é dolorosa a situação do sábio sem amor em seu coração, também sofre aquele que muito ama e que por muito amar, quer auxiliar o seu próximo, ensinando e orientando, e não o pode fazer, por lhe faltarem o preparo e a cultura necessários.

Eis aqui a causa do doloroso divórcio que ocorre entre a Ciência e a Religião. A ciência não sabe compreender a fé, por lhe faltar coração; e a fé, sincera e humilde, muitas vezes não se pode fazer compreender pelos sábios, por lhe faltar cultura.

Buscai, com muito denodo, o desenvolvimento de vosso intelecto e de vossos corações, para serdes trabalhadores completos do Cristo, realmente úteis em qualquer setor.

Ramatis

52

TESOURO A ENCONTRAR

"... o Reino dos Céus é semelhante ao homem, negociante, que busca boas pérolas; e, encontrando uma pérola de grande valor, vendeu tudo quanto tinha, e comprou-a." (Mateus 13:45-46).

Quando, com grande ardor, colimam os homens um objetivo, é freqüente tudo sacrificarem à satisfação de seus desejos e aspirações.

Renuncia o homem aos prazeres mundanos para, encerrado num gabinete, ilustrar-se ao contato dos livros. Outros, no esforço e na luta sem tréguas em busca de posição de relevo no mundo, descuidam-se de seu organismo físico, enfraquecendo-o e deixando-o prematuramente combalido.

Muitos são os que, buscando as pérolas falsas da satisfação dos sentidos, ou das afeições egoístas e mal orientadas, olvidam aquela outra, legítima e infinitamente preciosa, a que se refere o Mestre.

Muitos, conscientemente ou não, procedem como o negociante a que se reportou o Senhor: têm quase que um único e exclusivo intuito em suas vidas, e por ele sacrificam, muitas vezes, o essencial ao supérfluo, o bom e útil ao mau e pernicioso.

Entretanto, somente os discípulos do Mestre podem encontrar

a pérola, o tesouro a que se refere a parábola: a redenção do próprio Espírito, sua rendição final e completa à vontade do Pai de amor e sabedoria.

Por serem muitos os sacrifícios exigidos aos iniciantes no caminho da própria redenção, poder-lhes-á talvez parecer, a princípio, de escasso e discutível valor a prometida pérola celestial.

Lembrem-se esses tais, no entanto, de que, para seguir as pegadas do Mestre, sacrifica-se unicamente o transitório pelo eterno, o ilusório pelo real, a materialidade grosseira por celestial espiritualidade, as satisfações inferiores pela legítima felicidade do Espírito, os enganos do mundo pela perfeita sabedoria, cuja aquisição permite o Pai aos filhos que para Ele se voltam, segundo as palavras do Evangelho:

"Já não vos chamarei servos, porque o servo não sabe o que faz o seu Senhor, mas tenho vos chamado amigos, porque tudo quanto ouvi de meu Pai vos tenho feito conhecer." (João 15:15).

Ramatis

53

ESTERILIDADE

"E, no dia seguinte, quando saíram de Betânia, teve fome. E, vendo de longe uma figueira que tinha folhas, foi ver se nela acharia alguma cousa; e, chegando a ela, não achou senão folhas, porque não era tempo de figos. E Jesus, falando, disse à figueira: Nunca mais coma alguém fruto de ti. E os seus discípulos ouviram isto. E eles, passando pela manhã, viram que a figueira se tinha secado desde as raízes." (Marcos 11:12-14, 20).

Procuremos entender como possa o Mestre, todo amor e compaixão, ter assim castigado, uma árvore por não produzir fruto fora da estação própria.

Tal providência do Mestre, fazendo secasse a figueira, assemelha-se à atitude do senhor que, ao tomar contas dos servos aos quais confiara diferentes talentos, determinou fosse o negligente dentre eles despojado do que tinha:

"... ao que não tiver, até o que tem ser-lhe-á tirado." (Mateus 25:29). Ainda em Mateus 9:19, lemos:

"Toda a árvore que não dá bom fruto corta-se e lança-se no fogo."

Semelhantemente, aqueles dos seguidores do Mestre que não produzam bons frutos serão desarraigados da terra generosa e fértil que os acolhe, e transplantados a solo árido e ingrato, do qual com dificuldades e grandes penas extrairão a seiva que agora, com tamanha fartura, haurem da generosa pátria do Evangelho.

E o exílio de uma terra generosamente fertilizada pelo trabalho missionário de tantos abnegados mensageiros do Senhor, para uma outra, árida e pedregosa, não seria a mesma secura imposta pelo Mestre à figueira estéril? Não equivalerá tal remoção para ingrato ambiente à perda dos talentos mal aproveitados?

Vede bem o que diz o vers. 13 da parábola: "... não era tempo de figos." Mas tal não considerou o Mestre como atenuante da culpa de sua esterilidade.

Diz-nos o bom senso que a uma planta não reclamaria o Senhor a produção de frutos temporãos, ou serôdios. Entendamos, antes, que para os seguidores do Mestre sempre é tempo e estação de produzirem bons frutos.

O testemunho de operosidade na seara divina é para ser dado a cada instante, e será de tanto maior valor e proveito para esclarecimento dos que o necessitam, se difíceis forem as circunstâncias de que se revista.

Tirai pois o máximo proveito da terra dadivosa e boa que vos acolhe, e preparai-vos para que, ao vir o Mestre recolher vossos frutos, não vos tenha de classificar entre as plantas estéreis, condenando-vos a desterro e transplante em solo ingrato, que vos caberá abrandar com suor e lágrimas.

Ramatis

54

VALOR DA COLABORAÇÃO

"... aquele que fizer converter do erro do seu caminho um pecador salvará da morte uma alma, e cobrirá uma multidão de pecados." (Tiago 5:20).

Verdadeiramente, o amor desinteressado e o trabalho evangélico em benefício do próximo cobrem a multidão de pecados.

Freqüentemente vemos tristeza em vossos corações, por vos julgardes não merecedores de colaborar com o trabalho do Mestre. Crede, qualquer que cultive o sentimento do amor não-egoísta e busque servir ao Senhor, torna-se digno da tarefa que espose.

É verdade que alguns de vós não há muito que se decidiram a abandonar o egoísmo e o sentimento de amor exclusivista, a manifestar-se unicamente em bases de reciprocidade, para iniciarem a conquista de dons do coração não-restritos e acanhados, mas evangélicos e altruístas.

Entretanto, não seja a noção que tendes de ser trabalhadores de última hora motivo para sentimentos de inferioridade diante da oportunidade de serviço evangélico.

Na realidade, qualquer que saia de seu círculo pessoal, acanhado e exclusivista, para ir em busca do próximo sofredor, torna-se digno de ser um seguidor do Mestre.

Haja pois júbilo em vossos corações, e não julgueis que o Senhor possa desdenhar o resultado de vossa boa disposição em servir, por modestas que sejam vossas possibilidades, e por menos adestrados que estejais no trabalho junto ao Mestre. O Senhor julgará vossa sinceridade de propósitos e os sentimentos de vossos corações ao procurardes servi-lo, e não reclamará de vós realização alguma acima de vossas forças.

Ramatis

55

Desvelo

A passagem que vamos analisar, muito rapidamente, é a parábola da ovelha perdida, por cujo amor deixa o pastor as noventa e nove restantes, e sai pelos montes a procurá-la.

Vede portanto que o desvelo maior de Jesus é por suas ovelhas desgarradas. Jamais as abandonaria à própria sorte, por mais culpadas que sejam, mas sempre sai em sua busca zeloso e ansioso, e não sossega até que as encontra e reconduz ao aprisco.

Nunca deve alguém julgar-se indigno de misericórdia divina, e ter dúvida quanto à sua obrigação e capacidade de levantar-se e retornar ao bom caminho, qualquer que tenha sido a dificuldade, tropeço, tentação ou fraqueza que o levou a cair, pois o Mestre a todos ama, mesmo aos mais endurecidos, e quanto mais não se compadecerá de um Seu servidor que falha momentaneamente.

Ramatis

56

PORTAS ABERTAS

Recordemos hoje a passagem evangélica a respeito de Maria Madalena, e sua conversão quase que instantânea ao caminho redentor, levada pelas palavras do meigo Mestre, e por seu olhar lúcido e amoroso.

Conheceis o restante da vida desse grande Espírito, a parte que não consta das páginas do Evangelho, que a religião oficializou entre vós.

Sabeis que ela se devotou integralmente ao esforço sacrificial em benefício dos leprosos, sem medir dificuldades, sem contar horas ou minutos de seu tempo, sem jamais olhar para trás, esquecida de seu passado de luxo, conforto e ociosa opulência, a tudo renunciando pelo amor santificante que lhe invadira alma e coração, iluminando e aclarando seu sombrio corpo perispiritual, destruindo-lhe a vaidade, aniquilando-lhe o egoísmo, desfazendo escuros laços que a ligavam às forças do mal, dela afastando para sempre as entidades inferiores que a haviam até então dominado.

Mas estareis todos lembrados do que a levou a encontrar a oportunidade de se devotar à obra grandiosa de auxílio aos leprosos? Se não o recordais, queremos lembrar-vos de que foi o escrúpulo excessivo dos seguidores do Mestre, os quais, zelosos da reputação da Boa Nova, recearam receber em seu meio a pecadora regenerada.

E foi devido a este aparente fracasso, por este golpe que lhe alanceou o coração e humilhou o Espírito, que estava ela livre e à espera da oportunidade que o Mestre lhe reservava, quando esta se lhe apresentou.

Porque era no trabalho humilde entre os que tinham suas carnes roídas pela moléstia atroz que lhe cabia resgatar os abusos de que vitimara o próprio corpo sadio e rosado; era pensando chagas e levando o cântaro de água a lábios gretados pela sede e pelo sofrimento inenarrável, que resgataria as horas passadas em luxo e ociosidade, os dias consumidos em deleites inferiores.

Assim, irmãos meus, vede que quando lhe fecharam os seguidores do Mestre as portas da Casa do Caminho, abriu-lhe o próprio Cristo os portais do templo que lhe cabia penetrar, que era o Vale dos Imundos, onde seria seu Espírito purificado de toda imundície, burilando ao contato do imenso sofrimento de seus irmãos em resgate e, finalmente, sublimado e redimido pelo abraço da própria moléstia, abraço mortal ao seu corpo de carne, mas que lhe vivificou o espírito, e a libertou para sempre da criatura velha que nela havia.

Irmãos, devereis deduzir de nossas palavras o ensinamento que vos desejamos transmitir: É que jamais se fecham as portas do trabalho aos servidores do Senhor. Quando uma parece fechar-se, outra, mais adequada às necessidades do próprio trabalhador, se está abrindo ao mesmo tempo.

É suficiente saber procurar, e estar vigilantes aguardando a ação de Jesus, que, necessitado de obreiros em Sua seara, é o primeiro a cuidar do encaminhamento de cada um de seus seguidores ao devido posto de trabalho, sempre visando não apenas as necessidades do trabalho, mas também, muito carinhosamente, as do trabalhador.

Paz e amor.

Ramatis

57

União

Irmãos muito queridos, o essencial a ser procurado por vós é a mútua harmonização, um profundo entrosamento entre todos. Buscai o cultivo da mais sincera fraternidade, do verdadeiro amor.

Lembrai-vos de que uma só vara é frágil, e por mãos de criança pode ser despedaçada, mas um feixe de varas, solidamente atado, não pode ser facilmente quebrado.

Seja portanto o Amor poderoso laço a vos unir uns aos outros, tornando-vos um feixe inquebrável, impermeável a infiltrações inferiores, imune aos ataques de forças devotadas ao mal.

Que não haja, saindo dos lábios de qualquer de vós, comentários a respeito de falhas dos demais companheiros.

Irmãos, todos nós erramos e falhamos. Todos temos nossos dias de dificuldades, nem todos podemos sempre dar o melhor de nós mesmos.

Portanto, lembrai-vos de que uma palavra amiga, dita em presença, ou na ausência, de alguém que fraqueja, muito pode auxiliar. Mas a palavra adversa, ainda mais na ausência da pessoa visada que em sua presença, pois na presença pode ser refutada ou aceita, mas na ausência torna-se inimigo insidioso, oculto e covarde, muito fere e muito prejudica.

Nesse sombrio horizonte, refulgem as palavras de João, que há quase dois mil anos, visualizou a vitória final do Bem, deixando sua certeza registrada nas palavras: "Vão passando as trevas, e já a verdadeira luz alumia."

Portanto, no que percebemos de mais terrível e violento na ação das forças do mal vejamos, não um motivo para temor ou desânimo, mas, unicamente, um reflexo da angústia que atualmente domina os agentes das trevas, que sabem estar, de antemão, fadados à derrota em seus malignos propósitos, e à conversão final ao supremo Bem. Desta maneira, a presente ação do Mal, violenta e avassaladora, é tanto de se temer quanto a dolorosa crise final atravessada por um doente, crise que sabemos benéfica e libertadora, de reação última do organismo à aflitiva moléstia.

Confiemos no poder divino, que a ninguém desampara nos momentos de perigo e dificuldades, e atravessaremos em segurança a presente hora de angústia e tormenta espiritual.

Ramatis

58

FORÇAS PARA A LUTA

"Vão passando as trevas, e já a verdadeira luz alumia." (I João 2:8)

Desde toda a eternidade tem a verdadeira luz resplandecido, procurando aclarar o plano consciencial das criaturas. Mas os homens recusam-se a permitir que esse resplendor penetre suas almas, envolvendo-se em espesso manto de imperfeições, e amontoando trevas ante os próprios olhos. E, ainda não-satisfeitos com a própria voluntária privação da luz divina em suas mentes e corações, procuram, por todas as formas, impedir que essa claridade chegue ao entendimento de seus semelhantes.

Atualmente prepara o Cristo, contando com a colaboração de seus medianeiros de boa vontade, uma investida final contra as trevas que persistem em envolver o globo, retidas que são pelos seus habitantes. E os agentes dessas trevas, cegos, orgulhosos e revoltados, lutam com violência extrema contra os mensageiros da luz e do amor.

Eis, em rápido esboço, a situação que atualmente atravessais, a reclamar grandes sacrifícios e incansável devotamento de todos os seguidores do Divino Mestre.

Haja tempo para meditardes no que vos dizemos, pois vossa

união mais estreita vos tornará fortes e imunes aos ataques dos que vos tentam apartar. E não vos esqueçais de que mais e mais visados sereis, à medida que se aproxima os fins dos tempos.

Ramatis

59

AUXÍLIO QUE VIRÁ

O delgado riacho que brota de uma nascente jamais poderia atingir o distante oceano se não pudesse unir-se a outros cursos d'água, porque os obstáculos do caminho ser-lhe-iam intransponíveis; mas a sabedoria do Pai faz que a ele se agreguem outros caudais que o avolumam e fortalecem.

E assim engrandecido percorre o rio, agora caudaloso, o curso determinado pela sabedoria divina.

Semelhantemente devem as criaturas percorrer um longo caminho no esforço de regresso ao Criador. Mas os obstáculos e dificuldades são inúmeros e tão grandes que fariam uma entidade isolada desistir da jornada evolutiva.

Mas se a bondade divina que vela por um curso d'água, desvela-se ainda mais pelas criaturas a que deu vida através de seu infinito e inalterável amor.

Lembrai-vos de que no momento em que parece mais acidentado o terreno que o rio enfrenta, encontra ele um novo afluente, tornando-se então mais forte e volumoso, capacitado a prosseguir no seu curso.

Também a vós que por vezes experimentais desânimo na jornada evangélica, ante o vulto da tarefa a realizar, a começar de si mesmo, enviará o Senhor companheiros de boa vontade, que muito vos auxiliarão na transposição dos obstáculos que surgirem.

Será o vosso apurado sentimento de fraternidade (que deveis agora, mais que nunca, desenvolver) justamente o atrativo para a aproximação dos novos companheiros, os quais irão se multiplicando e quando o Mestre desejar saber o que fizeram seus seguidores em dois mil anos de Evangelho na Terra, a Ele se apresentará enorme caravana, de fortes e unidos trabalhadores, aptos a receberem de suas mãos generosas e suaves, maiores e mais enaltecedoras tarefas, na seara renovada deste nosso sacrificado, mas abençoado campo de trabalho redentor.

Ramatis

60

VISÃO LÍMPIDA

"Bem-aventurados os limpos de coração, porque eles verão a Deus." (Mateus 5:8).

Conhecemos a onipresença de Deus como um de seus atributos, e sabemos ainda que nenhuma criatura é demasiado pequena ou excessivamente desviada do bem para que Ele dela se deixe de ocupar. Na verdade, estando o Senhor presente em toda parte, e a todos dispensando atenção e cuidado, só o que nos pode impedir de percebê-lo é a nossa própria imperfeição, ou nosso injustificável desinteresse em o fazer.

Tão somente possuindo um coração limpo, seremos capazes de perceber a infinita perfeição de Deus; ainda que ardentemente O desejemos compreender por experimentarmos fome e sede de sua percepção, se nos não purificarmos das imperfeições e gostos inferiores que obumbram nossa visão espiritual, de forma alguma o conseguiremos; e seguramente os impuros de mente ou coração, ainda que a curiosidade os encaminhe a perquirições no setor religioso, permanecerão distantes do conhecimento da Verdade.

Compreendemos assim porque afirmou Jesus que aos limpos de coração será concedida a visão de Deus.

Mas, seguramente, não nos prometeu o Mestre uma visão ou percepção objetiva do Criador, pois tal possibilidade de conhecimento direto colocar-nos-ia em posição diferente daquela que nos foi assinalada, uma vez que nos facultaria penetrar no plano Divino, em que unicamente Deus habita.

Tratar-se-á antes de um sentimento de percepção interior, e do desabrochar do entendimento da realidade do próprio Eu como um ser eterno emanado do Criador, destinado a Ele voltar e a cumprir invariavelmente a sua vontade, que planeja o maior bem possível para toda a Criação.

Ramatis

61

SERVOS FIÉIS

Benditos os trabalhadores do Senhor que fielmente vencem as dificuldades exteriores e interiores que os assediam, e aqui se reúnem com devoção e amor para servir.

Aqui muito tendes a fazer, muito é de vós requerido, mas também muito vos é dado.

Tende perseverança, e não vos deixeis desanimar por passageiras dificuldades e tropeços.

Ao invés de desanimardes ante esses obstáculos, fortalecei-vos, pois mais e mais freqüentemente encontrareis o tropeço e a dor da desilusão, a dificuldade e a mágoa dos enganos, a tristeza e o desapontamento da decepção, que facilidades, compreensão, alegrias e louvores.

Não percais a fé nos fundamentos espirituais de vossas vidas, pois sólidos são eles, e inabaláveis, ainda que vacileis, e vos sintais enfraquecidos e incapazes de tão elevadas tarefas.

Confiai sempre, pois o Mestre vela, e jamais adormece em sua amorosa e desvelada vigilância.

Ramatis

62

Aos Médiuns

Bênçãos do Senhor se derramam inesgotavelmente sobre todos os seus obreiros.

Tende bom ânimo. Não vos deixeis desanimar pelas passageiras dificuldades que vos assoberbam atualmente, e pelas inevitáveis quedas que sofreis.

Não vos faltará jamais auxílio para superardes o que atualmente vos aflige, ou seja, o ambiente pesado aos vossos vôos espirituais.

Tudo isto é o fruto amargo dos séculos infindáveis atravessados pela humanidade cega em busca das sensações e deleites inferiores, surda aos apelos do Alto, e incapaz de apreender o sentido real da Vida.

Porém, irmãos queridos, não vos coloqueis à margem da responsabilidade que pesa sobre a população do orbe, e não digais: "Tenho dificuldades em trabalhar e seguir ao Cristo porque este plano não é favorável aos meus propósitos de ascensão." Não o façais, porque a responsabilidade pelo estado vibratório penoso e inferior do orbe cabe a todos, indistintamente. Todos semeastes no passado o erro e a intransigência, a revolta e os sentimentos inferiores, as paixões escravizantes e os vícios de toda sorte, o egoísmo e a indiferença, perante o sofrimento e a dor do próximo.

Seja-vos portanto esta lembrança, de alguma sorte, útil no

sentido de vos tornardes mais compreensivos e fraternos, e não acuseis intransigentemente o ambiente em que vos demorais e as vibrações contrárias que vos atingem. Lembrai-vos de que colaborastes, e ainda colaborais nos vossos momentos de fraqueza, para o adensamento da aura do globo, e também que ainda ontem estáveis entre a turba que crucificava e crucifica o Cristo a cada dia, em cada oportunidade que surge.

Ramatis

63

"ORA, O SERVO NÃO FICA SEMPRE EM CASA; O FILHO FICA PARA SEMPRE." *(João 8:35)*

Louvamos a sincera humildade com que muitos se denominam servos de Deus, dando o melhor de si mesmos em benefício do próximo e da propagação da verdade na Terra. Mas o Mestre, nessa passagem como também em João 15:55, onde afirmou "já não vos chamarei servos, mas tenho-vos chamado amigos", parece preferir dar o título de companheiros aos que o seguem, antes que o de servos.

Na verdade, dificilmente poderíamos ter a pretensão de nos considerarmos servos de Deus, Senhor Absoluto e Onipotente do Universo, perfeito e completo em Si mesmo.

Só o que podemos realizar, como cooperadores da obra divina, é servir a nosso próximo, promovendo fraternal entrelaçamento entre todas as criaturas, pois essa é a finalidade última de nossas vidas: unirmo-nos todos por laços de santa fraternidade, juntos regressando à fonte da vida eterna.

Consideramos como o mais belo título que nos tenha concedido Deus o de seus Filhos. E tão sagrado é esse título que jamais nos é retirado, por menos dispostos que estejamos a merecer o de servidores seus.

Ramatis

64

"Não se turbe o vosso coração; crede em Deus, crede também em mim." (João 14:1)

Vemos que o Mestre não se limitou a recomendar paz e serenidade interior aos seus seguidores, mas ainda ofereceu-se como acessível intermediário entre nós e o Criador, isto porque, sabia Ele, ser-nos-ia impossível alcançar, ainda que pelas mais fervorosas preces, ligação direta com Deus nos primeiros degraus da escala evolutiva.

Somos todos Espíritos necessitados de mais avançado esclarecimento, reconforto, encorajamento e pacificação interior, e ainda de fortificação em nossos propósitos de vencer o mal de que conservamos fundas raízes em nosso íntimo, para que nos possamos aproximar do Criador. E não apenas o Mestre se coloca a nosso lado como intermediário entre nossa fraqueza e a divina onipotência, como ainda contamos com legiões inumeráveis de irmãos outros, medianeiros entre nós e o próprio Cristo. É uma esplêndida corrente a se estender pelo infinito, da mônada primitiva à suprema Luz Criadora e Incriada.

Mas alguém, tendo conhecimento de tal cadeia formada por incontáveis Espíritos em infinitas gradações de progresso, perguntará: haverá um ponto final nesse progresso? Chegaremos um dia a dizer: alcancei a perfeição absoluta, nada mais me resta adquirir? Ou haverá continuamente novos degraus a subir, e talvez imperfeições a vencer?

Baseados em nossos bastante modestos conhecimentos, afirmar-vos-íamos que alcança o Espírito uma relativa perfeição que lhe faculta possuir sentimentos de amor e fraternidade sem sombra de egoísmo, e entendimento e sabedoria sem traço de prejuízo. Mas em certo sentido jamais chegaremos a ponto final em nossa caminhada evolutiva, e é na relativa compreensão que nos é facultada da suprema realidade: Deus.

Sabeis que, se viajássemos por toda a eternidade através do espaço infinito, jamais chegaríamos ao fim de nossa jornada; da mesma forma, nossa aquisição de entendimento da Divindade, infinita em poder e em todos os seus atributos, nunca terá termo. E nada poderíamos desejar de mais maravilhoso que o constantemente renovado entendimento da suprema sabedoria e infinita perfeição de Deus, na esplêndida jornada evolutiva por Ele preparada para todas as criaturas.

Ramatis

65

Nada a Temer

Nada têm a temer aqueles que trabalham com honestidade e sabem que estão fazendo a vontade do Pai. Só poderia duvidar disso o Espírito menos esclarecido, o intelecto menos desenvolvido e o coração menos seguro de seus sentimentos em relação ao Bem.

Trabalhem, pois, os médiuns com amor e confiança, como servidores conscientes, dotados de boa vontade, que atendem de coração jubiloso ao apelo do Mestre, a nosso apelo, pois em grande parte dependemos dessa boa vontade para exercermos nossas próprias atividades.

Disponham-se todos a ajudar; ficaremos agradecidos e felizes com tal disposição que, por final, redundará em benefício de todos nós, nos dois planos de nossos recíprocos esforços.

Lembrem-se que a mediunidade não é uma cruz sob a qual os médiuns se curvem para o solo em lágrimas de crianças rebeldes, mas sim uma escada ascensional que os levará aos braços do Mestre; lembrem-se que, no exercício de suas dignificantes tarefas, não estão escravizados ao mundo material, que não lhes oferece alegrias espirituais e segurança de evolução, o que somente encontram no trabalho meritório que os liga diretamente a Jesus.

Nenhum Espírito responsável promete bens fantasiosos como ofertas de caminhos fáceis, sugestões fascinantes de facilidades que não existem, ou da inexistência de responsabilidades. Muito ao contrário, apontam sempre as dificuldades a vencer, indicam os obstáculos, estimulam para as lutas incessantes, dos campos externo e interno e reconhecem sempre que os trabalhadores são livres de permanecerem na arena, ou abandoná-la, quando temerosos das exigências da testemunhação.

Mas, neste último caso, fora do trabalho, que pode haver que lhes dê paz e alegria?

Haverá algum caminho feliz fora das rotas do Evangelho?

Prossigam, pois, de coração puro e ânimo forte, em sintonia constante com o Plano Espiritual Superior, pois que Deus jamais nega a seus filhos e servidores as bênçãos do seu coração magnânimo e justo.

Ramaiana

66

VISITA FRATERNA

Temos a felicidade de nos sentir entre vós, nós que somos humildes peregrinos da pedregosa estrada que vai da Terra ao Céu.

Muitas bênçãos recebemos entre vós e já o fato de aqui estarmos constitui uma bênção, e muito grande.

Jesus vos abençoe e permita que o verdadeiro aprisco em que se constitui este templo se possa ampliar mais e mais, não só no plano material, mas também no espiritual, pelo aumento do raio de ação resultante do progressivo crescimento e desenvolvimento perispiritual de todos os presentes.

Graças damos ao Senhor pela oportunidade de contemplarmos este vosso trabalho, tão compenetrados de vosso dever, e em tão boa ordem desempenhando as tarefas. Possa o Senhor sempre contar convosco reunidos nessa mesma ordem, animados pelo mesmo santo ideal, fiéis ao cumprimento de vosso dever, pregando pelo exemplo, não apenas pelo verbo, trabalhando de coração em prol dos sofredores, e não somente levados por passageiro entusiasmo, e sobretudo tão conscienciosamente buscando a verdadeira fé e o equilíbrio no Evangelho do Mestre, fugindo ao fanatismo e à intolerância.

Graças ao Senhor, graças ao Mestre Divino, e também a vós, pelo conforto proporcionado por vossas vibrações.

Muito humildemente agora vos deixa.

Irmão Terêncio

67

Apelo

Irmãos — tomemos o Evangelho do Cristo como guia de nossas vidas. Busquemos através dele os ensinamentos de que necessitamos para prosseguir, nesta hora difícil, nossa jornada evolutiva.

Lembremo-nos de Suas palavras: "Se os teus olhos forem bons, todo o teu corpo será luz mas, se forem maus, todo teu corpo será trevas."

Nossos olhos, irmãos, representam um farol; olhemos com amor e com ternura e eles, iluminados pela vibração interna, esclarecerão muitas coisas que antes não víamos.

Se nossos ouvidos souberem ouvir, eles se abrirão para fora como carinhoso atendimento às necessidades de nossos semelhantes.

Se nossas palavras forem boas e suaves, transmitindo profundo desejo de cooperação e de paz, então haverá equilíbrio, entendimento.

É preciso saber ouvir, saber falar, saber olhar e, então, o equilíbrio em nós será perfeito.

Não vos esqueçais, irmãos, que o Cristo é paciência, é amor, fraternidade. Não vos esqueçais que Ele é luz em Deus.

Se estivermos com o Cristo em nosso coração, Deus em nós brilhará como uma luz salvadora.

Paz conosco, Irmãos.

Servidor

68

"MISERICÓRDIA QUERO, E NÃO SACRIFÍCIO."

(Mateus 9:13)

Em razão de imperfeito entendimento, muitos seguidores do Mestre supõem que lhes seja necessário tolher todo e qualquer impulso natural, atrofiando suas possibilidades de usufruir as alegrias espontâneas, evidentemente a serem temperadas pelo equilíbrio e bom senso, concedidos pelo Criador a seus filhos. E muita energia é então dissipada em esforço de imoderado ascetismo, energia gasta de maneira quase tão inútil e egoísta, como se despendida fosse em excessos.

É importante lembrar que o equilíbrio reside em uma estabilidade mediana e uso criterioso das possibilidades e recursos próprios a cada um. No entanto, permanece ainda, para muitos, encoberto o sentido das palavras de Jesus: desejo que sejais misericordiosos e ampareis o próximo necessitado, e não sacrifícios desarrazoados e inúteis. E, se em alguém existe espírito de renúncia e sacrifício, pratique-os em benefício do próximo, e não em solitária automaceração.

Recordemos ainda que, no campo da luta contra as próprias inferioridades e impulsos menos dignos, aos quais não advogaríamos obediência, é sempre na atividade nobre e fraterna que encontramos forças e recursos constantemente renovados.

Busquemos pois na prática irrestrita do Evangelho, a nossa

própria sublimação, pois é tão somente amando e aprendendo na Escola da Vida que se renovam as criaturas para o bem maior, extinguindo-se fatalmente ao sol interior da caridade todo o mal e impulso menos nobre que possa tolher a caminhada dos tutelados do Mestre em direção à Divina Luz.

Tiago

69

JULGAMENTO

"Juízo Final" é expressão que através dos séculos tem aterrorizado as criaturas inconscientes do Divino Amor, ignorantes de suas próprias possibilidades de desenvolvimento espiritual, desconhecedoras de que somos nós quem plasmamos dia a dia, minuto a minuto, nossos destinos.

Se a energia psíquica despendida nesses vãos terrores fosse utilmente empregada, haveria menos perturbação, menos doença, menos aflição, menos dolorosas fixações mentais, e por outro lado, mais harmonia, equilíbrio, saúde física e espiritual.

É preciso um despertamento de consciência para a compreensão de que Deus a ninguém julga, pois Suas leis são bastante justas e sábias, e o mecanismo que rege o universo é suficiente para que tenha tudo cumprimento quase que automático no campo da ação e reação, não se esquecendo, porém, a onipresença do Divino Amor.

Disse Jesus: "Eu a ninguém julgo". Porque, limitados e eivados de idéias preconcebidas, condicionados no respeito a valores arbitrários, forçosamente condenando por simples aparências, nos arvoramos em juízes de nossos semelhantes, cujas lutas e aflições, grau evolutivo e trama psicológica desconhecemos.

Amai a Deus, e não temereis sua justiça; amai a vossos

semelhantes, e jamais condenareis; amai a vós mesmos e não perdereis tempo e preciosas energias em inúteis auto-recriminações; amai a divina criação, e avançareis em espírito e verdade para o infinito bem e a inefável beleza.

Tiago

70

Candidatos à Desventura

Os sábios que somente buscam a supremacia na Terra;

Os que gargalham ante a dor humana;

Os feros e orgulhosos;

Os que desprezam a justiça, só a invocando em seu benefício;

Os que não se apiedam das humanas fraquezas de seus semelhantes;

Os que não purificam seus corações no trabalho e na oração santificantes;

Os que espalham a contenda e semeiam a desordem, indignos do nome de Filhos de Deus;

Os que perseguem os justiceiros, pois deles é o reino das trevas;

Os que injuriam, perseguem e caluniam os trabalhadores do bem, pois, contra eles dizendo todo o mal, merecerão os maiores males.

Entristeçam-se e pranteiem esses tais, pois grande será a sua dor, distantes do supremo bem que hoje desprezam, mas que amanhã os há de atrair, conquanto alcançável somente através de mil sacrifícios e revezes, dores e renúncias.

Timóteo

71

OREMOS E VIGIEMOS

No mar revolto da vida, quando as populações buscam para seu regozijo entretenimentos vários, quando a nau humana quase soçobra, sem um porto de salvação, sem bússola, sem fé; quando homens e mulheres esquecem os sagrados deveres da vida e no tombadilho da distração perdem a jóia preciosa do tempo, e as crianças crescem como aves desgarradas dos ninhos, prontas a naufragarem, quando a metralhadora é o divertimento favorito, enfim quando a Humanidade terrestre sente o abraço de Caim e busca o festim de Baltazar, olvidando a hora angustiosa que em breve se aproximará, é preciso e forçoso que os obreiros do Cristo perseverem firmes, trabalhando incessantemente, sem desânimo.

Obreiros, sob quaisquer títulos, sejam como médiuns, radiotelegrafistas do grande além, sejam assistentes técnicos ou profissionais variados, é necessário que a harmonia do conjunto auxilie a grande massa humana a suportar o choque do resgate.

Irmãos que recebereis as mensagens de amor, oração, vigilância, caridade, paz e progresso, que vos sintonizais com os amigos de mais alto, que sentis a esperança acalentando os corações, que sabeis o momento como oportunidade preciosa para vossa redenção, que vos comprometestes como soldados briosos a substituir aqueles que já seguiram mais avante, tomai sentido a cada instante, usai o silêncio e a fé como bússola, a caridade como apoio e enfrentai a grande batalha que se trava no vosso planeta entre as forças positivas e negativas, o bem e o mal, a dor e a alegria, a luz e a treva.

Não ignorais que Cristo é vosso Comandante, vosso arrimo, a Luz Auroral de vosso futuro.

A luta é grande, a tempestade varre os domínios terrestres, a flor do bem murcha nos corações fracos e mal dispostos.

Todavia, a Estrela fulgurante da manhã não tardará a iluminar os caminhos terrestres, as ondas bravias cederão lugar ao remanso, a paz voltará, porque Cristo é a Suprema Esperança do vosso planeta.

No silêncio de nossos corações, comunicando-nos com as Forças do Bem em busca de orientação mais alta, busquemos o Cristo de Deus, confiados no porvir e na glória que espera todos aqueles que sabem sobrepujar suas fraquezas e vencer com denodo os seus erros, vindos como manchas seculares de um passado longínquo.

Avante, irmãos. A hora sexta se aproxima. Jesus nos espera.

Oremos e Vigiemos.

Bezerra

SÉRIE EDGARD ARMOND

Sempre Bons Livros e Muito Conhecimento à Luz da Doutrina Espírita!

Temas Mediúnicos, e Romances

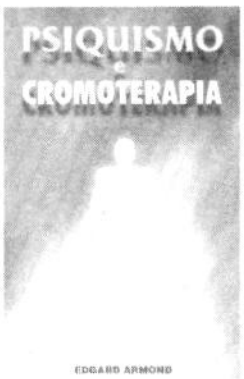

siquismo e Cromoterapia
O funcionamento da mente
e suas repercussões espirituais.
As cores e a aura.

Desenvolvimento Mediúnico
Um roteiro perfeito para
o bom funcionamento
da mediunidade.

Mediunidade
Seus aspectos,
desenvolvimento e utilização

Passes e Radiações
Métodos de cura e
tratamento espiritual.

Almas Afins
A trajetória de Espíritos afins
desde a submersa Lemúria
até os dias atuais.
agora também em vídeo.
(roteiro de estudos sobre o livro)

Amor e Justiça
Conflito de um casal entre
os erros da vida passada
e o momento atual.

Às Margens do Rio Sagrado
A Índia como um cenário
de evolução espiritual.

A Dupla Personalidade
Estudo de um caso de
regressão de vidas passadas.

Salmos
Enaltecimento à evolução
e à reforma íntima pelo
Evangelho.

Temas Históricos e Doutrinários

Relembrando o Passado
asos diversos vividos em 35 anos
de experiências doutrinárias.

Comentários Evangélicos
Comentários evangélicos
pelo dr. Bezerra de Menezes.

Na Cortina do Tempo
Sobreviventes salvos da Atlântida
preservam seus conhecimentos
destinados à posteridade.

A Hora do Apocalipse
Esclarecimentos sobre a
polêmica virada do milênio.

Os Exilados da Capela
A formação e evolução das
raças no planeta Terra.

Religiões e Filosofias
Estudo comparado entre
as religiões e filosofias
de ontem e de hoje.

Respondendo e Esclarecendo
Resposta e centenas de
questionamentos sobre
Doutrina Espírita.

Semeadura I e II
Temas doutrinários abordados
com objetividade e clareza..

Enquanto é Tempo
Pontos essenciais da
Doutrina dos Espíritos.

Verdades e Conceitos I e II
O ideal de Aliança em
importantes resoluções
históricas.

e diversos outros títulos...